EdSens

Éducation et sensibilisation à la vie affective

> CONFORME AUX RECOMMANDATIONS NATIONALES ET INTERNATIONALES

Collège

Programme complet

par Sébastien Brochot

EdSens.fr

Sébastien Brochot © 2022.
Tous droits réservés. Toute reproduction interdite sans l'autorisation explicite de l'auteur.
EdSens® est une marque déposée, tous droits réservés.

D1754448

Sommaire

Sommaire	2
Un cahier pour les intervenants du primaire	5
Intervenir en éducation affective, relationnelle et sexuelle	6
Les thématiques	10
Séances pour la Sixième (6e)	**13**
Séances pour la Cinquième (5e)	**43**
Séances pour la Quatrième (4e)	**73**
Séances pour la Troisième (3e)	**103**
Les ressources pédagogiques	180
Les crédits et partenaires	181

Vous repérez une erreur, une faute ? Vous souhaitez faire une suggestion ?
N'hésitez pas à nous le dire via le formulaire dédié disponible sur **edsens.fr**.

Un immense merci aux professionnels pour leur relecture et leurs commentaires constructifs.

Certaines séances impliquent l'utilisation de supports. Les images sont déjà incluses dans ce livre, mais vous pouvez également les télécharger pour les imprimer sur feuilles volantes ou les projeter sur un écran.

Les autres supports (sons, vidéos, etc.) sont disponibles sur le site internet edsens.fr.

Le code de téléchargement est disponible en fin d'ouvrage (page « Supports »).

Chaque groupe de séances est suivi d'une page de « Notes » à remplir avec vos commentaires sur les interventions effectuées.

Les séances d'**éducation à la vie affective** ne se substituent pas aux contenus déjà intégrés aux programmes scolaires, notamment en **sciences de la vie et de la Terre** et en **enseignement moral et civique**.

Elles viennent en supplément ou en complément des apports proposés dans ces matières.

Programme **EdSens**

Éducation et sensibilisation
à la vie affective

au **collège** et au **lycée**

Cahier de l'intervenant

bonheur.fr

UN CAHIER POUR LES INTERVENANTS DU SECONDAIRE (COLLÈGE ET LYCÉE)

Intervenir sur une thématique aussi complexe que l'éducation à la vie affective nécessite une bonne préparation et un accompagnement.

Pour vous aider à la mise en place de ces séances, nous avons édité un *Cahier de l'intervenant*, dont nous vous conseillons vivement la lecture. Il est disponible sur le site **edsens.fr**.

Ce cahier propose des informations essentielles à la mise en place des interventions : préparation des séances, connaissances historiques, recommandations de l'Éducation Nationale et des instances internationales, enjeux et principes éthiques, étapes du développement de l'adolescent par classe d'âge, connaissances sur l'impact des séances, réflexion et conseils sur la posture éducative et le lien à l'adolescent.

Ce cahier propose également des conseils et des informations indispensables à la gestion des situations complexes : liens avec les parents et avec l'équipe éducative, obligations légales, repérage et signalement des mineurs en danger, etc.

Afin de vous aider à y voir plus clair, un *Questionnaire de l'intervenant* y a également trouvé sa place. Il vous invite à une prise de conscience de vos propres représentations et de vos limites sur le sujet.

Et si ce cahier ne vous apporte pas toutes les réponses attendues, vous trouverez des ressources complémentaires sur le site **edsens.fr**.

Bonnes séances !

Intervenir en éducation affective, relationnelle et sexuelle

– Qui et quoi ?

L'éducation à la vie affective permet aux enfants et aux adolescents de grandir sereinement, en ayant une image positive d'eux-mêmes et des autres, de mieux gérer leurs relations avec les autres (famille, amis, etc.), et de mieux comprendre la société au sein de laquelle ils grandissent.

Les intervenants en éducation à la vie affective sont de préférence des professionnels de l'enfance, de l'éducation, de la santé ou du social formés à ce type d'intervention. Parents ou non, jeunes ou moins jeunes, femmes ou hommes, on peut être compétent à partir du moment où les enjeux et les objectifs sont clairs.

Il est important de se questionner sur ses propres difficultés avant d'investir le champ de l'éducation à la vie affective. Aussi, les personnes se sentant trop fragiles ou trop investies émotionnellement (souvenirs douloureux de sa propre enfance, envie de sauver le monde entier, etc.) auront tout intérêt à prendre le temps de faire un travail personnel, d'introspection, par exemple en consultant un thérapeute (psychologue clinicien, psychiatre, psychothérapeute, etc.) avant de se lancer dans cette aventure.

Avant d'intervenir sur ce thème sensible, assurez-vous :

- d'être assez informé et formé sur le sujet

- d'être accompagné (si ce n'est pendant les séances, au moins sur leur préparation)

- d'avoir présenté aux parents la forme et le contenu des interventions

- de pouvoir pérenniser ces actions afin que tous les enfants d'une même classe d'âge entendent régulièrement des messages de prévention cohérents et complémentaires

- qu'un suivi est assuré par l'équipe éducative (formée à repérer et signaler les situations préoccupantes)

- de pouvoir vous appuyer sur un groupe de pratique pour faire le bilan de vos interventions

– Pour qui ?

Dans ce livre, vous trouverez des séances et les supports des séances adaptés aux adolescents en âge d'être au collège :

CYCLE 3

SIXIÈME (6e)

CYCLE 4

CINQUIÈME (5e)
QUATRIÈME (4e)
TROISIÈME (3e)

Nous proposons dans cet ouvrage sept séances par niveau, parfois assez similaires d'une année à l'autre, la répétition étant nécessaire à l'intégration de certaines notions.

Dans la pratique, sauf exception, vous pouvez proposer les séances d'un même niveau dans le désordre.

Il est évidemment bénéfique pour les adolescents de proposer un plus grand nombre de séances, tant que leur contenu est adapté à l'âge et au niveau de développement des participants. Chaque séance peut être donnée plusieurs fois aux mêmes adolescents au cours de l'année, en utilisant des variantes ou des adaptations.

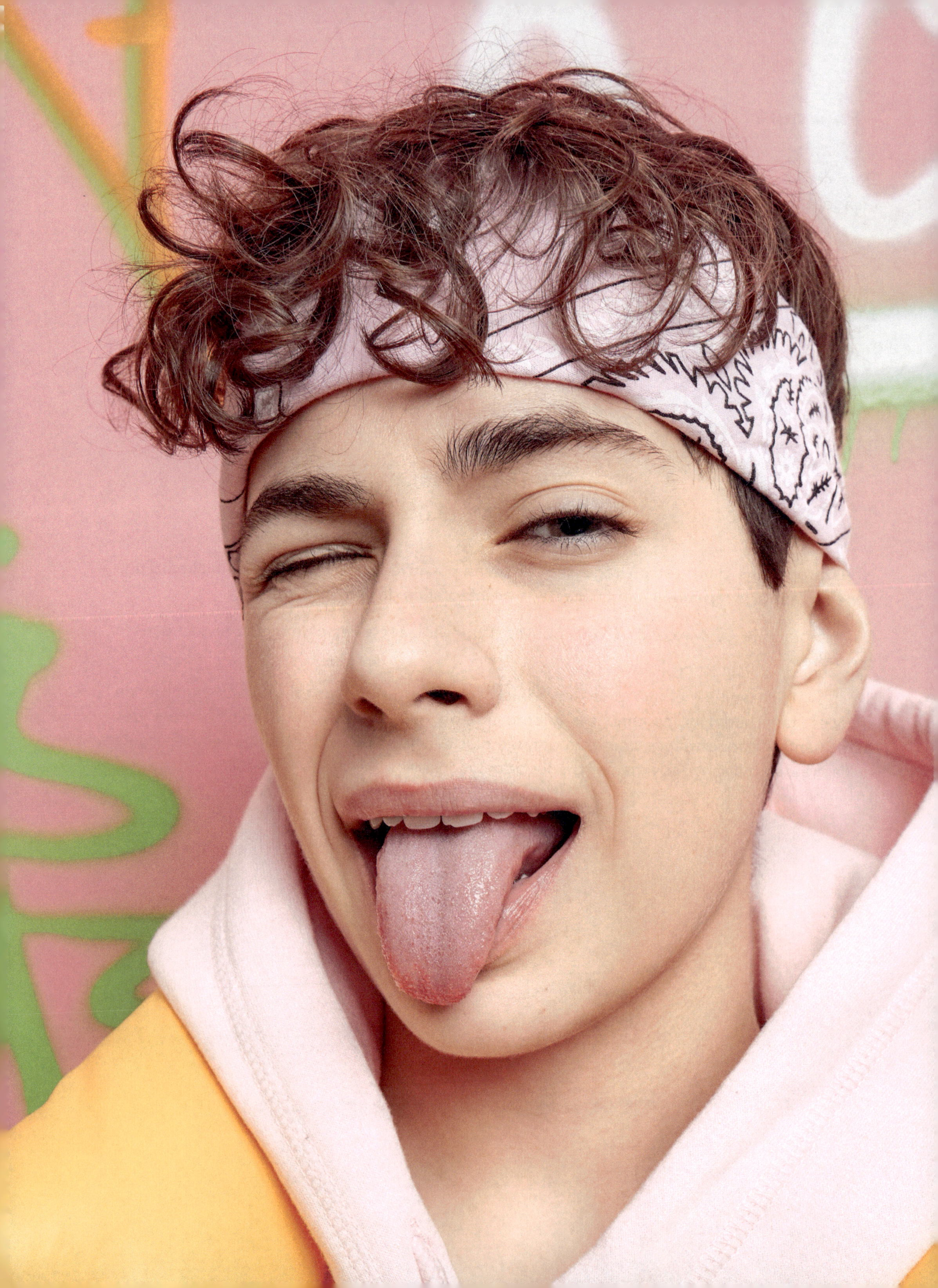

INTERVENTIONS AU COLLÈGE

	Cycle 3	Cycle 4		
	Sixième	**Cinquième**	**Quatrième**	**Troisième**
Séance 1	Connaître les émotions 💬	Puberté, sexualité 💬	Manipulation, gestion du stress 🐞	Savoir gérer une situation 🐞
Séance 2	Similarités et différences 💬	Légal, illégal : pourquoi ? 💬	Le corps, les organes génitaux ✋	Légal, illégal : pourquoi ? 💬
Séance 3	Moi, mon futur ✋	Les relations, les ressentis 🐞	Le consentement 🖥️	Puberté, sexualité 💬
Séance 4	Légal, illégal : pourquoi ? 💬	Moi, les autres 🐞	Légal, illégal : pourquoi ? 💬	Moi, les autres 🐞
Séance 5	Chez moi ✋	Similarités et différences ✋	Moi, mon livre ✋	Similarités et différences ✋
Séance 6	Intimité et réseaux sociaux 💬	Intimité et réseaux sociaux 💬	Intimité et réseaux sociaux 💬	Intimité et réseaux sociaux 💬
Séance 7	D'accord ? 💬	D'accord ? 💬	D'accord ? 💬	D'accord ? 💬
Durée / séance	55 à 90 minutes	55 à 90 minutes	55 à 90 minutes	55 à 90 minutes

Légende :

Intelligence émotionnelle | Stéréotypes et représentations | Connaissances | Affirmation de soi et altérité | Compréhension de la loi

✋ Activité manuelle   💬 Discussion   🐞 Jeu de rôle   🖥️ Média

Les thématiques

Nous avons classé les séances en cinq grandes thématiques :

– Intelligence émotionnelle

Théorisée dans les années 1990 par des psychologues, **l'intelligence émotionnelle regroupe les capacités de compréhension et de maîtrise des émotions**. Plus concrètement :

- la conscience de soi : la capacité d'être conscient de ses propres sentiments et d'utiliser autant que possible son instinct dans la prise de décisions (cela implique d'apprendre à se connaître soi-même et d'avoir confiance en soi),
- la maîtrise de soi : la capacité à savoir gérer ses émotions pour ne pas se laisser submerger par celles-ci,
- la motivation : être conscient de ses envies et de ses ambitions afin d'avoir des objectifs, même dans les moments difficiles (contrariété, déceptions, imprévus, frustrations),
- l'empathie : la capacité à recevoir et comprendre les sentiments d'autrui, en se mettant à la place de l'autre,
- l'altérité : les aptitudes et la capacité à entrer en relation avec les autres, à interagir sans véhémence et à utiliser ses aptitudes pour faire passer ses idées en douceur, à régler des situations conflictuelles et à coopérer.

– Stéréotypes et représentations

Pour mieux comprendre son environnement, il est normal de construire des représentations et d'utiliser celles-ci pour régler sa conduite. Il est cependant nécessaire d'en prendre conscience afin d'**éviter les stéréotypes et préjugés à l'origine de comportements violents** (rejet, humiliation, harcèlement, agression).

Parmi ces représentations sociales, catégorisations, stéréotypes et préjugés, celles qui renvoient au genre (fille, garçon) ou aux origines des individus (couleur de peau, accent, religion, etc.) sont parfois présentes dès la toute petite enfance.

– Connaissances

Les enfants se posent de nombreuses questions sur leurs origines (conception, grossesse, naissance). Il est important de leur **apporter des réponses adaptées à leur niveau de développement**. Les informations apportées leur permettent de mieux comprendre leur environnement et leur place au sein de leur famille.

– Affirmation de soi et altérité

Tout au long de leur scolarité, les enfants et les adolescents voient leur corps se transformer, développant de nouvelles compétences tout en perdant certains privilèges, et devant gérer de nouvelles frustrations et affronter de nouvelles situations. L'enjeu de cette thématique est de **favoriser une image positive de soi et des autres**, par une réflexion sur ses normes et ses valeurs, notamment l'intimité (nudité) et la mise en scène de soi et des autres (réseaux sociaux).

– Compréhension de la loi

Afin de vivre ensemble à l'école, en famille ou ailleurs, il faut **savoir ce qui est permis et ce qui ne l'est pas**. Il est également important de comprendre que les règles varient en fonction des lieux, des moments et des personnes. Les règles familiales étant souvent différentes d'un foyer à l'autre, il est nécessaire d'apporter aux enfants un cadre clair et rassurant.

6e

1

Séance 1

Connaître les émotions

INTELLIGENCE ÉMOTIONNELLE

⏱ 55 à 90 minutes

💬 Discussion

Objectifs

➡ Repérer et verbaliser ses ressentis

➡ Distinguer les émotions, les sentiments et les besoins

➡ Savoir gérer ses émotions

➡ Savoir communiquer efficacement

➡ Connaître des techniques de gestion du stress

➡ Être capable de demander de l'aide

Supports à prévoir

Aucun support à prévoir pour cette séance.

✅ Consultez en fin d'ouvrage la fiche d'accompagnement « les émotions, les sentiments et les besoins » pour vous aider à préparer cette séance.

✅ Consultez en fin d'ouvrage la fiche d'accompagnement « les techniques de gestion du stress » pour vous aider à préparer cette séance.

Déroulé

1. Demandez aux participants de vous citer les sept émotions de base.

2. Pour chaque émotion proposée, demandez-leur de vous donner un exemple de situation dans laquelle on peut ressentir cela.

3. Demandez si un participant accepterait de dire :
   – quand il a ressenti cette émotion pour la dernière fois,
   – d'expliquer dans quelles circonstances cela s'est passé,
   – et comment il a réussi à dépasser cette émotion, si celle-ci était désagréable.

4. Demandez aux participants de vous donner des exemples de sentiments que l'on peut ressentir.

5. Demandez-leur de vous donner des exemples de liens entre sentiments et besoins insatisfaits (exemple : je me sens affamé, j'ai besoin de manger).

6. Demandez aux participants de vous donner des exemples de techniques permettant de gérer son angoisse ou son stress. Après plusieurs exemples donnés par les participants, vous pouvez leur proposer quelques techniques.

7. Demandez aux participants de vous citer des personnes à qui ils pourraient demander de l'aide s'ils se trouvaient un jour en difficulté. Rappelez-leur les numéros et sites d'urgence, et présentez-leur le fonctionnement du numéro 119.

Pour aller plus loin, ouvrez la réflexion

Pensez-vous que lorsqu'on est en tort, par exemple parce que l'on n'a pas respecté une règle, on devrait quand même avoir le droit d'être aidé ?

À prendre en considération

- Avec un groupe dissipé, démarrez avec une séance de méditation d'une dizaine de minutes, dans un cadre strict. Le silence absolu est exigé, les yeux sont obligatoirement fermés, les corps sont statiques, chacun se concentre sur sa respiration, sur les sons extérieurs et sur votre voix.

- Il est important de distinguer les besoins des stratégies (moyens de parvenir à ce besoin) :
Le *besoin de se nourrir* est un besoin fondamental, en revanche le « besoin de chocolat » n'existe pas. Le chocolat est une stratégie pour satisfaire son besoin fondamental de nourriture (et de réconfort !).
Le *besoin d'affection* est fondamental, le besoin d'être en couple avec une personne spécifique ne l'est pas. Je n'ai pas *besoin de Léa ou de Léo*. Léa ou Léo sont des moyens de satisfaire mon besoin d'affection, mais quelqu'un d'autre pourrait également satisfaire ce besoin.

- La proposition de réflexion (texte en rouge) est une première étape vers une conversation plus globale sur l'aide que l'on peut apporter aux personnes qui enfreignent la loi : « est-ce que ces personnes n'ont pas justement besoin de plus d'aide que les autres parce qu'elles n'ont pas réussi à respecter le pacte social ? »
C'est également un message envoyé aux adolescents qui commettent des erreurs de jugement et qui, parce qu'ils se sentent fautifs et ressentent de la honte, s'estiment illégitimes à demander de l'aide.

- Certains adolescents se protègent de maltraitances vécues en réprimant leurs ressentis. Soyez à l'écoute et sollicitez les personnels de santé et d'action sociale si nécessaire. En cas de suspicion de maltraitance, n'hésitez jamais à effectuer une information préoccupante, même si vous n'avez pas l'aval de votre hiérarchie.

> Le 119 est le numéro national dédié à la prévention et à la protection des mineurs (enfants et adolescents) en danger ou qui risquent de l'être.
>
> L'échange par tchat est également disponible sur le site 7 jours sur 7, 365 jours par an.

Vous trouverez plus d'informations sur ce service sur allo119.gouv.fr.

6e

2

Séance 2

Similarités et différences

STÉRÉOTYPES ET REPRÉSENTATIONS

⏱ 55 à 90 minutes

💬 Discussion

Objectifs

➡ Prendre conscience de sa propre identité

➡ Savoir communiquer efficacement

➡ Avoir de l'empathie pour les autres

➡ Prévenir les stéréotypes de genre

Supports à prévoir

- Feuilles et stylos.

Déroulé

1. Demandez aux participants de se mettre en binôme avec une personne de l'autre genre (si possible), qu'ils ne connaissent pas beaucoup.

2. Demandez aux binômes de se présenter l'un à l'autre pendant trois minutes.

3. Chacun doit ensuite présenter en une minute son binôme aux autres participants.

4. Demandez-leur de se trouver dix différences dans des thématiques différentes, et dix points communs (identité, lieu de vie, structure familiale, goûts alimentaires, habitudes, loisirs, etc.)

5. Chaque binôme doit ensuite présenter ensemble ses points communs aux autres participants.

6. Demandez aux participants de vous dire en quoi les femmes et les hommes sont différents et en quoi ils sont semblables.

Pour aller plus loin, ouvrez la réflexion

Pensez-vous que les femmes et les hommes sont capables de faire tous les métiers, ou que certains métiers devraient être réservés à l'un des deux genres ?

Pensez-vous que les messages véhiculés par la société ou les médias ont une influence sur notre perception de ce qu'un homme ou une femme devraient être ?

Que faire lorsque vos parents ne sont pas d'accord pour vous soutenir dans vos choix ?

À prendre en considération

- Si certains participants présentent une différence unique et notable (couleur de peau, handicap…), vous pouvez profiter de cette activité pour travailler sur cette différence, dans le cas où elle ferait déjà l'objet de commentaires ou de rejet entre adolescents, ou afin de prévenir toute forme de stigmatisation.

- Il n'est pas possible d'imposer le secret aux participants (exemple : « tout ce qui se dit ici doit rester entre nous »).
Vous pouvez en revanche les sensibiliser à l'importance de respecter la vie privée de chacun et poser des règles permettant aux participants les plus prolixes de limiter leurs récits afin de ne pas trop dévoiler de leur intimité.

- La proposition de réflexion (texte en rouge) est une première étape vers une conversation plus globale sur les rôles sexués, que ce soit dans la société ou dans les cultures familiales : « est-ce que je peux prétendre à cette place alors que dans ma famille, traditionnellement, aucune femme / aucun homme ne devrait y prétendre ? »

- Vous pouvez profiter de cette séance pour sensibiliser les participants à l'importance et à l'obligation morale et légale de protéger les adolescents qui leur révèleraient des situations de danger. Beaucoup d'adolescents victimes de maltraitances se confient à leurs amis. Ces derniers doivent être en mesure de prévenir les autorités (directement ou par l'intermédiaire d'un adulte de confiance).
Soyez à l'écoute et sollicitez les personnels de santé et d'action sociale si nécessaire. En cas de suspicion de maltraitance, n'hésitez jamais à effectuer une information préoccupante, même si vous n'avez pas l'aval de votre hiérarchie.

6e

3

Séance 3

Moi, mon futur

AFFIRMATION DE SOI ET ALTÉRITÉ

- 55 à 90 minutes
- Activité manuelle

Objectifs

➡ Avoir conscience de soi

➡ Comprendre sa place dans la société

➡ Avoir une pensée créative

➡ Avoir une pensée critique

Supports à prévoir

- Feuilles et feutres ou crayons.

Déroulé

1. Demandez aux participants de dessiner leur futur quotidien, lorsqu'ils auront trente ans. Sur le dessin, devront figurer leur métier, leur situation familiale, éventuellement leurs enfants et animaux domestiques, leur logement, et s'ils le souhaitent, des inventions futures.

2. Chaque participant présente aux autres sa vie future et la société telle qu'il l'imagine.

3. Ces projections peuvent donner lieu à des échanges entre participants, entre optimistes et pessimistes, pragmatiques et rêveurs, etc.

> **Pour aller plus loin, ouvrez la réflexion**
>
> Est-ce que les gens seront mariés ?
>
> Est-ce qu'il y aura un troisième, un quatrième genre ?
>
> Comment seront conçus les bébés ?
>
> Pensez-vous que les difficultés liées au climat auront un impact sur les libertés individuelles ? Sur les structures familiales ?
>
> Tu dis que tu seras célèbre plus tard. À quoi ressemblera la célébrité ? Est-ce que les personnes célèbres auront des privilèges, si oui, lesquels ? Est-ce qu'ils ne seront pas scrutés jour et nuit pour les critiquer s'ils font le moindre faux pas ?

4. La séance se conclut par un échange sur les actions qu'ils pourraient eux-mêmes initier dès aujourd'hui pour parvenir à une version optimiste du monde dans lequel ils souhaiteraient vivre.

À prendre en considération

- La difficulté de cette séance est de ne pas oublier la thématique travaillée : l'éducation affective.
  Vous devez régulièrement faire des liens entre les projections, les rêves, les peurs des participants, et les problématiques sociales et individuelles concernant les libertés, le genre, les stéréotypes, la place des enfants, et des questions concernant le couple, l'amour et la sexualité (reproduction, etc.)

- Inviter les participants à se projeter dans le futur est un moyen de parler des problématiques actuelles et des solutions permettant de les dépasser.

- Insistez sur les projections positives et les solutions proposées tout au long des échanges, afin d'offrir aux participants une vision optimiste du futur.

6e

4

Séance 4

Légal, illégal : pourquoi ?

COMPRÉHENSION DE LA LOI

⏱ 55 à 90 minutes

💬 Discussion

Objectifs

➡ Connaître les principales règles applicables en fonction des espaces, des moments et des âges

➡ Avoir une pensée critique

➡ Être capable de gérer sa frustration

➡ Savoir communiquer efficacement

➡ Être capable de demander de l'aide

Supports à prévoir

- Règlement intérieur de l'établissement.

✅ **Consultez en fin d'ouvrage la fiche d'accompagnement « les infractions sexuelles » pour vous aider à préparer cette séance.**

Déroulé

1. Demandez aux participants de vous raconter la dernière fois qu'ils ont été témoins ou victimes d'une situation injuste, au collège ou ailleurs. Il peut s'agir d'un fait d'actualité, voire d'une situation inventée.

2. Demandez aux participants de vous citer plusieurs règles en vigueur dans l'enceinte du collège, puis de les classer par ordre de gravité (ce qu'ils estiment être plus ou moins grave).

> **Pour aller plus loin, ouvrez la réflexion**
>
> Y a-t-il des actes qui sont considérés comme très graves au collège, mais pas très graves ailleurs ?
>
> Pensez-vous que certaines règles sont injustes ?

3. Demandez aux participants de vous citer des règles qui s'appliquent en fonction des âges (par exemple pour les collégiens et les enseignants).

4. Demandez aux participants de vous citer les règles qui leur semblent les plus injustes dans la loi.

5. Demandez aux participants de vous citer des règles qui concernent les relations amoureuses.

> **Pour aller plus loin, ouvrez la réflexion**
>
> Est-ce qu'on a des droits sur la personne avec qui on est en couple, par exemple de pouvoir contrôler ses déplacements, ses fréquentations ou son téléphone ?

À prendre en considération

- Cette séance peut sembler redondante lorsque des cours d'éducation civique sont déjà proposés. Pourtant, il est ici question de ressenti, d'analyse de ses propres émotions face à une situation vécue comme juste ou injuste, de sa capacité à gérer sa frustration et à argumenter sa propre opinion. C'est un exercice permettant de travailler les relations interpersonnelles, la gestion de conflit, les enjeux du respect des lois permettant de vivre ensemble. C'est aussi le moment d'informer sur les limites légales et les risques encourus en cas d'infraction.

- La proposition de réflexion (texte en rouge) est une première étape vers une conversation plus globale sur les relations amicales et amoureuses : « est-ce que je peux contrôler la personne avec qui je suis ami / en couple ? Où s'arrêtent l'engagement, l'investissement et les concessions dans l'amitié / le couple ? »

6e

5

Séance 5

Chez moi

AFFIRMATION DE SOI ET ALTÉRITÉ

⏱ 55 à 90 minutes
✋ Activité manuelle

Objectifs

➡ Avoir conscience de soi

➡ Comprendre sa place dans sa famille

➡ Avoir une pensée critique sur les différents fonctionnements familiaux

➡ Avoir de l'empathie pour les autres

➡ Repérer les recours disponibles en cas de besoin

➡ Savoir demander de l'aide

Supports à prévoir

- Feuilles et feutres ou crayons.

Déroulé

1. Demandez aux participants de dessiner un plan de leur domicile, en hachurant de la couleur de leur choix les espaces qui ne sont qu'à eux (chambre, lit, placard, etc.) puis de colorier de la couleur de leur choix tous les espaces où ils se sentent bien, relaxés, en sécurité (un même espace pouvant bien sûr être à la fois hachuré et colorié).

   Il est possible d'inclure au plan des espaces extérieurs (jardin, balcon…) à condition qu'ils soient rattachés au domicile (ce qui n'est pas le cas d'un square environnant).

   Si aucun espace n'est rien qu'à eux (par exemple parce qu'ils n'ont pas de lit attitré, ou parce que différents membres du foyer partagent les mêmes vêtements ou la même étagère d'un placard), ils ne hachurent aucun espace.

   Si un participant ne se sent en sécurité dans aucun espace, il ne met aucune couleur.

2. Demandez aux participants de citer les lieux où ils se sentent le plus en sécurité, en les invitant à essayer d'expliquer pourquoi et de préciser leurs ressentis physiques (détente des muscles, respiration plus lente, etc.)

3. Demandez aux participants s'il y a des personnes auprès desquelles ils ressentent le même apaisement, et d'expliquer pourquoi (est-ce une personne en qui ils font particulièrement confiance ?)

4. Demandez aux participants de vous expliquer ce que l'on peut faire pour créer un lien de confiance avec une autre personne.

Pour aller plus loin, ouvrez la réflexion

Est-ce qu'un lien de confiance peut se construire, ou est-ce que c'est quelque chose de naturel, qui nous échappe, que l'on ne peut pas expliquer ?

Imaginez que vous devez travailler pendant plusieurs jours d'affilée avec une personne que vous n'avez pas choisie, que pourriez-vous faire ou dire pour que votre binôme fonctionne bien, pour que vous viviez bien cette situation, en toute confiance et en évitant les conflits ?

À prendre en considération

- Il n'est pas possible d'imposer le secret aux participants (exemple : « tout ce qui se dit ici doit rester entre nous »).
Vous pouvez en revanche les sensibiliser à l'importance de respecter la vie privée de chacun et poser des règles permettant aux participants les plus prolixes de limiter leurs récits afin de ne pas trop dévoiler de leur intimité.

- La proposition de réflexion (texte en rouge) est une première étape vers une conversation plus globale sur les liens que l'on choisit et ceux que l'on subit : « peut-on rompre les liens avec une personne de notre famille qui nous fait du mal ? »

- Vous pouvez profiter de cette séance pour aborder le thème des Droits des citoyens, et plus spécifiquement ceux des mineurs. L'Éducation nationale propose des contenus dédiés, certains développés avec l'Unicef.
Le site *defenseurdesdroits.fr* propose également des contenus.

- Si vous pensez qu'un participant se trouve dans un état de souffrance psychologique, alertez les personnels de santé et d'action sociale. En cas de suspicion de maltraitance, n'hésitez jamais à effectuer une information préoccupante, même si vous n'avez pas l'aval de votre hiérarchie.

6e

6

Séance 6

Intimité et réseaux sociaux

AFFIRMATION DE SOI ET ALTÉRITÉ

🕐 55 à 90 minutes

💬 Discussion

Objectifs

➡ Avoir une pensée critique

➡ Discerner les espaces intimes et publics

➡ Savoir communiquer efficacement

➡ Porter un regard critique sur les contenus visionnés sur les réseaux sociaux

➡ Savoir résoudre les problèmes

➡ Savoir demander de l'aide

Supports à prévoir

- Feuilles et stylos.

✅ **Consultez en fin d'ouvrage la fiche d'accompagnement « la pornographie » pour vous aider à préparer cette séance.**

Déroulé

1. Demandez aux participants qui consultent les applications proposant des vidéos de vous parler des contenus à la mode : « quelle chorégraphie, quel morceau musical fait le buzz en ce moment ? »

2. Demandez-leur s'il leur arrive de se mettre eux-mêmes en scène sur les réseaux sociaux, et le cas échéant, de décrire le type de contenu qu'ils produisent.

3. Demandez aux participants s'ils ont déjà réfléchi à ce qu'ils acceptent de révéler d'eux-mêmes, et ce qu'ils souhaitent garder pour eux : identité, adresse, image de leur domicile, image de leur corps, secrets, etc.
Proposez-leur de noter sur le recto d'une feuille tout ce qu'ils acceptent de révéler d'eux-mêmes sur les réseaux sociaux, de façon publique.
Au verso, demandez aux participants de noter tout ce qu'ils ne souhaitent pas révéler de leur intimité. Les réponses peuvent être extrêmement précises s'ils le souhaitent : « le prénom de mon petit frère », « porter un short qui révèle l'élastique de ma culotte », etc.

4. Proposez-leur de partager avec les autres les choses qu'ils ne souhaitent pas révéler, et d'expliquer pourquoi, les autres participants ayant la possibilité de donner leur avis de manière bienveillante et constructive.

> **Pour aller plus loin, ouvrez la réflexion**
>
> Est-ce que l'on peut se retrouver un peu piégé par les mentions « j'aime » ou le nombre de vues ? Est-ce que cela peut impacter le moral, ou l'image que l'on a de soi ?
>
> Est-ce que la célébrité rend heureux ?

5. Demandez-leur s'ils savent à qui demander de l'aide si un jour ils ont des difficultés en lien avec le numérique. Présentez-leur le 3018.

À prendre en considération

- Si un participant laisse le recto de la feuille blanche, cela signifie qu'il n'est absolument pas présent sur les réseaux sociaux. En revanche, s'il a un profil secret, avec un identifiant anonyme, il notera sur la feuille quelque chose comme : « pseudo qui n'a aucun lien avec ma vraie identité ».

- Vous pouvez profiter de cette séance pour travailler les stéréotypes de genre en questionnant les différences de contenus ou les comportements jugés acceptables ou inacceptables en fonction du genre.

- Si le sujet est abordé, vous pouvez engager une conversation sur la pornographie.

- La proposition de réflexion (texte en rouge) est une première étape vers une conversation plus globale sur l'impact des réseaux sociaux sur la santé mentale des adolescents. Les statistiques montrent une hausse inquiétante des tentatives et suicides chez les jeunes, qui pourrait être en lien avec l'utilisation des outils numériques.

- Vous pouvez proposer aux participants de participer à une « détox » de groupe où chacun s'engagerait à ne pas utiliser son téléphone pendant une période de temps donnée.

- Si vous pensez qu'un participant est dans une situation inquiétante, alertez les personnels de santé et d'action sociale. En cas de suspicion de cyberharcèlement, n'hésitez jamais à effectuer une information préoccupante, même si vous n'avez pas l'aval de votre hiérarchie.

> Gratuit, anonyme et confidentiel, le 3018 est le numéro national d'aide pour les adolescents et les parents, pour toutes les questions liées aux usages numériques des jeunes.
>
> Le 3018 est accessible par téléphone 6 jours sur 7 de 9 heures à 20 heures, sur 3018.fr par tchat en direct, via Messenger et WhatsApp.

Vous trouverez plus d'informations sur ce service sur e-enfance.org.

6e

7

Séance 7

D'accord ?

AFFIRMATION DE SOI ET ALTÉRITÉ

⏱ 55 à 90 minutes

💬 Discussion

Objectifs

➡ Savoir prendre des décisions

➡ Avoir une pensée critique

➡ Savoir communiquer efficacement

➡ Être habile dans ses relations

➡ Avoir conscience de soi

➡ Avoir de l'empathie pour les autres

Supports à prévoir

- Préparez l'espace avec sept lignes au sol (voir schéma) tracées à la craie ou matérialisées par du ruban adhésif. Imprimez et fixez les panneaux indicatifs face à chaque ligne.

   Variante : imprimez six fiches de vote pour chaque participant (totalement d'accord, d'accord, un peu d'accord, pas tellement d'accord, pas d'accord, pas du tout d'accord).

Déroulé

Par groupe de six à douze, les participants sont invités à se déplacer sur des lignes au sol en fonction de leur avis sur un sujet donné. Ils proposent leur avis sur 3 sujets, puis un autre groupe passe et argumente sur trois nouveaux sujets, etc.

1. D'abord, les participants sont tous alignés sur la ligne centrale, les uns derrière les autres, face à vous.

2. Vous faites une déclaration, donnez une dizaine de secondes à chacun pour réfléchir, puis vous leur donnez le « top départ » pour se déplacer sur la ligne de leur choix en fonction de leur avis. Personne ne peut rester sur la ligne centrale.

3. Vous invitez les participants à expliquer leur choix. Ils peuvent se déplacer tout au long des échanges (durant leurs explications ou pendant celles des autres participants).

4. Une fois que chacun a pu donner son avis et se déplacer, les participants reviennent sur la ligne centrale pour se préparer à la déclaration suivante.

Propositions de déclarations *(plus de propositions en fin d'ouvrage)*

Je suis accro aux réseaux sociaux

Je m'intéresse à ce qu'il se passe dans le monde

Je suis trop stressé pour mon âge

J'aime mon apparence

Les filles sont plus matures que les garçons

Je m'inquiète pour mon futur

Les gens qui maltraitent les enfants devraient être condamnés à mort

Je m'inquiète pour l'avenir de la planète

Les enfants d'aujourd'hui ont moins de libertés que ceux d'avant

Il est plus facile d'être un homme que d'être une femme

C'est OK de mettre une main aux fesses pour rigoler

Les enfants d'aujourd'hui en savent trop sur la sexualité

Les adultes d'aujourd'hui sont stricts

L'argent fait le bonheur

À prendre en considération

- Cette séance permet de se confronter aux représentations, avis et arguments des autres participants, et de proposer les siens.

- Il est important que cette séance se passe dans un climat de bienveillance, sans moquerie ni humiliation. Encouragez les participants à se soutenir, à s'entraider.

- Il est préférable que chacun participe, mais si un thème est particulièrement sensible pour un participant, il est possible de ne pas donner son avis, de façon exceptionnelle.

- Si vous utilisez la variante par manque d'espace, tous les participants sont assis et donnent leur avis pour chaque déclaration et seuls quelques-uns argumenteront.

Schéma de disposition des lignes au sol :

● Vous   ● Participants

Disposition de la salle au moment d'une déclaration :

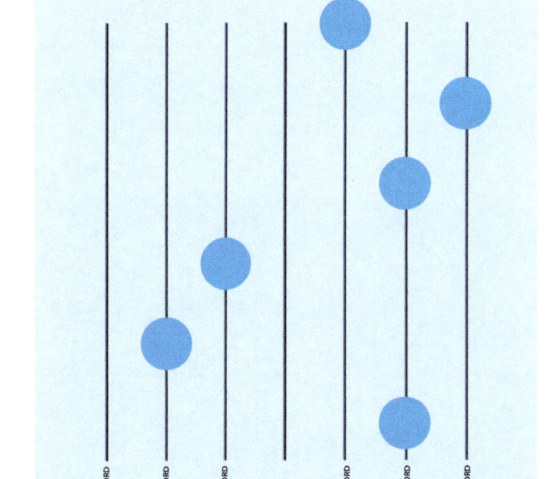

Exemple de disposition de la salle après une déclaration :

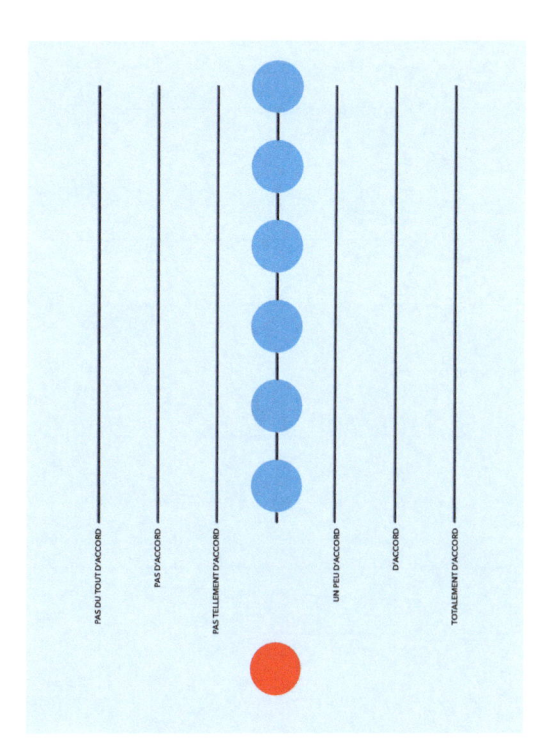

En face de chaque ligne, sur le mur derrière vous, fixez le panneau correspondant.

Notes

5e

1

Séance 1

Puberté, sexualité

CONNAISSANCES

⏱ 55 à 90 minutes

💬 Discussion

Objectifs

➡ Avoir des connaissances sur la sexualité, la puberté, la contraception, les infections sexuellement transmissibles, etc.

➡ Avoir une meilleure connaissance de l'anatomie humaine

➡ Savoir poser des questions sur l'intimité

➡ Avoir conscience de soi

➡ Avoir de l'empathie pour les autres

En amont de la séance

- Proposer aux participants, quelque temps avant la séance, de déposer leurs questions dans une boîte aux lettres dédiée.

✅ **Consultez en fin d'ouvrage les différentes fiches d'accompagnement pour vous aider à préparer cette séance.**

Déroulé

1. Demandez aux participants de vous citer tous les mots qu'ils connaissent désignant les parties génitales. Distinguez les mots que l'on peut utiliser avec ses amis des termes que l'on peut utiliser devant un professionnel (médecin, etc.).

2. Demandez aux participants de vous citer les principales modifications physiologiques et psychiques apparaissant durant la puberté.

3. Engagez une conversation pour répondre aux différentes questions.

Questions habituellement posées

Comment savoir que l'on est amoureux quelqu'un ? Comment lui dire ?
Est-ce que c'est normal de n'avoir jamais embrassé quelqu'un sur la bouche ? Comment embrasser avec la langue ?
Comment savoir si on est homosexuel ? Comment savoir si on se sent plus fille ou garçon ?
Est-ce que c'est normal de se masturber ? C'est quoi un orgasme ?
Pourquoi les filles ont des menstruations ? Est-ce que ça fait mal ? Ça arrive à quel âge ? À quel âge pousse la poitrine ? Pourquoi les filles ont le sexe qui s'humidifie ? Pourquoi certaines filles ont des pertes blanches ?
Pourquoi les garçons ont des érections ? Ça arrive à quel âge ? Peut-on contrôler les érections ? Pourquoi certains garçons ont des éjaculations pendant qu'ils dorment ?
À quel âge peut-on avoir des relations sexuelles ? Est-ce qu'on doit se protéger si on est tous les deux vierges ? Est-ce qu'il y a un préservatif spécial pour la première fois ? Est-ce que ça fait mal la première fois ? Comment savoir quand on est prêt ?
Est-ce qu'on peut être enceinte après la première fois ? À partir de quel âge peut-on prendre la pilule ?
Est-ce que c'est un problème de coucher pour faire plaisir à sa ou son partenaire ? Est-ce qu'il faut faire des fellations / des cunnilingus ? Est-ce que c'est une preuve d'amour ?
Est-ce que c'est normal de regarder du porno ? Est-ce que c'est normal d'aimer ça ? Est-ce qu'il y a des trucages dans le porno ?

À prendre en considération

- L'animation de cette séance nécessite la lecture en amont du « Cahier de l'intervenant ».

- Proposez aux participants de poser leurs questions, ou proposez-leur des questions habituellement posées par les adolescents (voir la liste en rouge).

- Laissez les participants proposer des réponses, puis proposez votre propre réponse dans un second temps.

- Si vous n'avez pas la réponse, dites-le simplement, puis dirigez les participants vers le bon interlocuteur.

- Précisez aux participants qu'ils peuvent trouver de nombreuses fausses informations sur les sites internet et sur les réseaux sociaux, même sur des profils qui semblent être animés par des gens très informés.
  Expliquez-leur que rien ne vaut une rencontre avec des professionnels de santé, comme ceux que l'on peut trouver dans les Centres de Planification et d'Éducation Familiale (CPEF), dans lesquels ils peuvent se rendre pour des conseils ou pour un suivi médical (le suivi et les entretiens sont confidentiels).
  Donnez aux participants l'adresse et la localisation précise du CPEF le plus proche. Précisez-leur que ce sont des lieux ouverts aux filles comme aux garçons.

5e

2

Séance 2

Légal, illégal : pourquoi ?

COMPRÉHENSION DE LA LOI

⏱ 55 à 90 minutes

💬 Discussion

Objectifs

➡ Connaître les principales règles applicables en fonction des espaces, des moments et des âges

➡ Avoir une pensée critique

➡ Être capable de gérer sa frustration

➡ Savoir communiquer efficacement

➡ Être capable de demander de l'aide

Supports à prévoir

- Règlement intérieur de l'établissement.
- Livret « Les infractions sexuelles » disponible sur **violences-sexuelles.info**.

✅ **Consultez en fin d'ouvrage la fiche d'accompagnement « les infractions sexuelles » pour vous aider à préparer cette séance.**

Déroulé

1. Demandez aux participants de vous raconter la dernière fois qu'ils ont été témoins ou victimes d'une situation injuste, au collège ou ailleurs. Il peut s'agir d'un fait d'actualité, voire d'une situation inventée.

2. Demandez aux participants de vous citer plusieurs règles en vigueur dans l'enceinte du collège, puis de les classer par ordre de gravité (ce qu'ils estiment être plus ou moins grave).

> **Pour aller plus loin, ouvrez la réflexion**
>
> Y a-t-il des actes qui sont considérés comme très graves au collège, mais pas très graves ailleurs ?
>
> Pensez-vous que certaines règles sont injustes ?

3. Demandez aux participants de vous citer des règles qui s'appliquent en fonction des âges (par exemple pour les collégiens et les enseignants).

4. Demandez aux participants de vous citer les règles qui leur semblent les plus injustes dans la loi.

5. Demandez aux participants de vous citer des règles qui concernent les relations amoureuses.

> **Pour aller plus loin, ouvrez la réflexion**
>
> Est-ce qu'on a des droits sur la personne avec qui on est en couple, par exemple de pouvoir contrôler ses déplacements, ses fréquentations ou son téléphone ?

À prendre en considération

- Cette séance peut sembler redondante lorsque des cours d'éducation civique sont déjà proposés. Pourtant, il est ici question de ressenti, d'analyse de ses propres émotions face à une situation vécue comme juste ou injuste, de sa capacité à gérer sa frustration et à argumenter sa propre opinion. C'est un exercice permettant de travailler les relations interpersonnelles, la gestion de conflit, les enjeux du respect des lois permettant de vivre ensemble. C'est aussi le moment d'informer sur les limites légales et les risques encourus en cas d'infraction.

- La proposition de réflexion (texte en rouge) est une première étape vers une conversation plus globale sur les relations amicales et amoureuses : « est-ce que je peux contrôler la personne avec qui je suis ami / en couple ? Où s'arrêtent l'engagement, l'investissement et les concessions dans l'amitié / le couple ? »

5e

3

Séance 3

Les relations, les ressentis

INTELLIGENCE ÉMOTIONNELLE

- 55 à 90 minutes
- Jeu de rôle

Objectifs

➡ Savoir gérer ses émotions

➡ Savoir communiquer efficacement

➡ Être habile dans ses relations

➡ Avoir de l'empathie pour les autres

➡ Connaître des techniques de gestion du stress

➡ Être capable de demander de l'aide

Supports à prévoir

- Imprimez les situations entre les personnages ALEX et SAM.

✅ Consultez en fin d'ouvrage la fiche d'accompagnement « les émotions, les sentiments et les besoins » pour vous aider à préparer cette séance.

✅ Consultez en fin d'ouvrage la fiche d'accompagnement « les techniques de gestion du stress » pour vous aider à préparer cette séance.

Déroulé

1. Demandez aux participants d'essayer d'expliquer ce que l'on ressent quand on est amoureux, dans un second temps ce que l'on ressent lorsqu'on a envie de demander à quelqu'un de sortir avec soi, et dans un troisième temps ce que l'on ressent quand quelqu'un oppose un refus à une telle demande.

2. Proposez-leur de participer à des petites mises en situation afin de réfléchir à la façon dont on peut communiquer ensemble en se respectant.
   Deux participants (fille ou garçon) volontaires se lèvent, décident de qui sera ALEX et qui sera SAM, puis l'un des deux pioche au hasard une situation, qu'ils doivent jouer pendant quelques secondes.
   À la fin de la séquence, demandez à chaque interprète ce qu'il a ressenti, et comment il aurait pu s'y prendre pour mieux vivre la situation : « est-ce que tu aurais aimé être à sa place ? »
   Les participants spectateurs peuvent les conseiller, proposer des alternatives en venant remplacer l'un ou l'autre des interprètes.

3. Les participants sont invités à réfléchir à la façon la plus respectueuse (pour eux et pour l'autre) de gérer ces situations.

4. Demandez aux participants de vous donner des exemples de techniques permettant de gérer son angoisse ou son stress pour se préparer à oser aller parler à quelqu'un. Après plusieurs exemples donnés par les participants, vous pouvez leur proposer quelques techniques.

5. Demandez aux participants de vous citer des personnes à qui ils pourraient demander de l'aide s'ils se trouvaient un jour en difficulté avec quelqu'un qui se comporte mal ou qui est trop insistant, voir qui commet une infraction contre eux. Rappelez-leur les numéros et sites d'urgence, et présentez-leur le fonctionnement du numéro 119.

À prendre en considération

- Voici quelques pistes de réflexion à mener avec les participants :

« Quand on ne sait pas trop si on sort ensemble ou pas, est-ce qu'on peut ne rien dire et attendre de voir ce que fait l'autre ? Ou faut-il prendre les devants et oser poser franchement la question ? Même si c'est dur, est-ce que ça n'est pas mieux d'éclaircir la situation ? »

« Est-ce qu'on peut envoyer un texto pour casser ? Est-ce que ce n'est pas mieux de se dire les choses en face, même si c'est dur ? C'est plus respectueux de l'autre personne, non ? »

« Est-ce qu'on envoie quelqu'un pour parler à l'autre personne, ou est-ce qu'on prend son courage à deux mains, et on va soi-même lui dire ? »

« Comment peut-on vivre le moins mal possible le fait d'être rejeté ? »

« Est-ce qu'on peut sortir avec quelqu'un pour lui faire plaisir ? »

« Est-ce qu'on continue à sortir avec quelqu'un alors qu'on en a plus envie, par peur de le blesser en le quittant ? »

- Si des situations violentes vécues sont abordées pendant la séance par certains participants, n'hésitez jamais à effectuer une information préoccupante, même si vous n'avez pas l'aval de votre hiérarchie.

Le 119 est le numéro national dédié à la prévention et à la protection des mineurs (enfants et adolescents) en danger ou qui risquent de l'être.

L'échange par tchat est également disponible sur le site 7 jours sur 7, 365 jours par an.

Vous trouverez plus d'informations sur ce service sur allo119.gouv.fr.

5e

4

Séance 4

Moi, les autres

AFFIRMATION DE SOI ET ALTÉRITÉ

- 55 à 90 minutes
- Jeu de rôle

Objectifs

➡ Avoir conscience de soi

➡ Comprendre sa place dans la société

➡ Avoir une pensée créative

➡ Avoir une pensée critique

Supports à prévoir

- Un miroir qui peut circuler de main en main (incassable et léger).

Déroulé

1. Demandez aux participants de vous citer les critères les plus importants attendus d'une personne avec qui ils aimeraient être en couple.

   Exemples de critères

   L'âge (différence) ou la maturité
   La beauté physique
   La personnalité (gentillesse, honnêteté…)
   La popularité
   Le charme
   Le genre (femme / homme)
   Le niveau social (argent, belle maison, piscine…)
   Le style vestimentaire
   Les loisirs
   Les opinions en commun (valeurs, politique, combats…)
   Les préférences sexuelles

2. Demandez ensuite à <u>chaque</u> participant de se regarder à tour de rôle dans un miroir, droit dans les yeux, et de dire à voix haute une chose qu'il aime chez lui.

   Il peut s'agir d'une qualité physique, d'une qualité humaine, d'une action qui l'a rendu fier, ou autre chose, tant que c'est positif et valorisant.

À prendre en considération

- Il est important que cette séance se passe dans un climat de bienveillance, sans moquerie ni humiliation. Encouragez les participants à se soutenir.

    Montrer sa vulnérabilité n'est pas une chose aisée à l'adolescence. Votre rôle est de créer une dynamique, un climat suffisamment sécurisant pour que chacun puisse s'exprimer sans craindre le regard de l'autre.

    Avec un groupe dissipé, démarrez avec une séance de méditation d'une dizaine de minutes, dans un cadre strict. Le silence absolu est exigé, les yeux sont obligatoirement fermés, les corps sont statiques, chacun se concentre sur sa respiration, sur les sons extérieurs et sur votre voix.

- Les participants ayant de réelles difficultés à se trouver des qualités peuvent être aidés par les autres. C'est un choix qui peut être risqué : rien à dire sur un participant spécifique, commentaire inapproprié sur le physique, etc.
    Vous pouvez limiter ce risque en proposant à un participant de prendre la parole pour aider la personne en difficulté : « qui voudrait prendre la parole pour aider [prénom] à se trouver des qualités ? »
    Gardez en tête que l'enjeu de cette séance est de permettre aux participants de verbaliser à voix haute, devant les autres, une qualité qui leur est propre.

- Si vous pensez qu'un participant se trouve dans un état de souffrance psychologique, alertez les personnels de santé et d'action sociale. En cas de suspicion de maltraitance, n'hésitez jamais à effectuer une information préoccupante, même si vous n'avez pas l'aval de votre hiérarchie.

5e

5

Séance 5

Similarités et différences

STÉRÉOTYPES ET REPRÉSENTATIONS

⏱ 55 à 90 minutes
✋ Activité manuelle

Objectifs

➡ Prendre conscience de sa propre identité

➡ Savoir communiquer efficacement

➡ Avoir de l'empathie pour les autres

➡ Prévenir les stéréotypes de genre

Supports à prévoir

- Feuilles et feutres ou crayons.

Déroulé

1. Demandez aux participants de se mettre en binôme avec une personne de l'autre genre (si possible), qu'ils ne connaissent pas beaucoup.

2. Demandez aux binômes de se présenter l'un à l'autre en une minute.

3. Demandez-leur de se trouver dix différences dans des thématiques différentes, et dix points communs (identité, lieu de vie, structure familiale, goûts alimentaires, habitudes, loisirs, etc.)

4. Chaque participant doit ensuite dessiner le portrait de son binôme, en incluant dans le dessin des références à son identité, ses goûts, etc.
   Il est préférable que chaque participant ne voit pas son portrait avant de passer à l'étape suivante.

5. Demandez à chaque participant de dessiner son autoportrait (en utilisant ou non un miroir), en incluant dans le dessin des références à son identité, ses goûts, etc.

6. Proposez ensuite à chaque participant de comparer ses deux portraits : comment je me vois, comment les autres me voient.

> **Pour aller plus loin, ouvrez la réflexion**
>
> Qu'est-ce que j'ai envie de montrer de moi ? Est-ce que ce que je souhaite montrer de moi me ressemble vraiment ?

À prendre en considération

- Si certains participants présentent une différence unique et notable (couleur de peau, handicap…), vous pouvez profiter de cette activité pour travailler sur cette différence, dans le cas où elle ferait déjà l'objet de commentaires ou de rejet entre adolescents, ou afin de prévenir toute forme de stigmatisation.

- Il n'est pas possible d'imposer le secret aux participants (exemple : « tout ce qui se dit ici doit rester entre nous »).
  Vous pouvez en revanche les sensibiliser à l'importance de respecter la vie privée de chacun et poser des règles permettant aux participants les plus prolixes de limiter leurs récits afin de ne pas trop dévoiler de leur intimité.

- La proposition de réflexion (texte en rouge) est une première étape vers une conversation plus globale sur l'identité publique de chacun et la vulnérabilité.

- Vous pouvez profiter de cette séance pour sensibiliser les participants à l'importance et à l'obligation morale et légale de protéger les adolescents qui leur révèleraient des situations de danger. Beaucoup d'adolescents victimes de maltraitances se confient à leurs amis. Ces derniers doivent être en mesure de prévenir les autorités (directement ou par l'intermédiaire d'un adulte de confiance).
  Soyez à l'écoute et sollicitez les personnels de santé et d'action sociale si nécessaire. En cas de suspicion de maltraitance, n'hésitez jamais à effectuer une information préoccupante, même si vous n'avez pas l'aval de votre hiérarchie.

5e

6

Séance 6

Intimité et réseaux sociaux

AFFIRMATION DE SOI ET ALTÉRITÉ

⏱ 55 à 90 minutes

💬 Discussion

Objectifs

➡ Avoir une pensée critique

➡ Discerner les espaces intimes et publics

➡ Savoir communiquer efficacement

➡ Porter un regard critique sur les contenus visionnés sur les réseaux sociaux

➡ Savoir résoudre les problèmes

➡ Savoir demander de l'aide

Supports à prévoir

- Feuilles et stylos.

✅ **Consultez en fin d'ouvrage la fiche d'accompagnement « la pornographie » pour vous aider à préparer cette séance.**

Déroulé

1. Demandez aux participants qui consultent les applications proposant des vidéos de vous parler des contenus à la mode : « quelle chorégraphie, quel morceau musical fait le buzz en ce moment ? »

2. Demandez-leur s'il leur arrive de se mettre eux-mêmes en scène sur les réseaux sociaux, et le cas échéant, de décrire le type de contenu qu'ils produisent.

3. Demandez aux participants s'ils ont déjà réfléchi à ce qu'ils acceptent de révéler d'eux-mêmes, et ce qu'ils souhaitent garder pour eux : identité, adresse, image de leur domicile, image de leur corps, secrets, etc.
Proposez-leur de noter sur le recto d'une feuille tout ce qu'ils acceptent de révéler d'eux-mêmes sur les réseaux sociaux, de façon publique.
Au verso, demandez aux participants de noter tout ce qu'ils ne souhaitent pas révéler de leur intimité. Les réponses peuvent être extrêmement précises s'ils le souhaitent : « le prénom de mon petit frère », « porter un short qui révèle l'élastique de ma culotte », etc.

4. Proposez-leur de partager avec les autres les choses qu'ils ne souhaitent pas révéler, et d'expliquer pourquoi, les autres participants ayant la possibilité de donner leur avis de manière bienveillante et constructive.

> **Pour aller plus loin, ouvrez la réflexion**
>
> Est-ce que l'on peut se retrouver un peu piégé par les mentions « j'aime » ou le nombre de vues ? Est-ce que cela peut impacter le moral, ou l'image que l'on a de soi ?
>
> Est-ce que la célébrité rend heureux ?

5. Demandez-leur s'ils savent à qui demander de l'aide si un jour ils ont des difficultés en lien avec le numérique. Présentez-leur le 3018.

À prendre en considération

- Si un participant laisse le recto de la feuille blanche, cela signifie qu'il n'est absolument pas présent sur les réseaux sociaux. En revanche, s'il a un profil secret, avec un identifiant anonyme, il notera sur la feuille quelque chose comme : « pseudo qui n'a aucun lien avec ma vraie identité ».

- Vous pouvez profiter de cette séance pour travailler les stéréotypes de genre en questionnant les différences de contenus ou les comportements jugés acceptables ou inacceptables en fonction du genre.

- Si le sujet est abordé, vous pouvez engager une conversation sur la pornographie.

- La proposition de réflexion (texte en rouge) est une première étape vers une conversation plus globale sur l'impact des réseaux sociaux sur la santé mentale des adolescents. Les statistiques montrent une hausse inquiétante des tentatives et suicides chez les jeunes, qui pourrait être en lien avec l'utilisation des outils numériques.

- Vous pouvez proposer aux participants de participer à une « détox » de groupe où chacun s'engagerait à ne pas utiliser son téléphone pendant une période de temps donnée.

- Si vous pensez qu'un participant est dans une situation inquiétante, alertez les personnels de santé et d'action sociale. En cas de suspicion de cyberharcèlement, n'hésitez jamais à effectuer une information préoccupante, même si vous n'avez pas l'aval de votre hiérarchie.

Gratuit, anonyme et confidentiel, le 3018 est le numéro national d'aide pour les adolescents et les parents, pour toutes les questions liées aux usages numériques des jeunes.

Le 3018 est accessible par téléphone 6 jours sur 7 de 9 heures à 20 heures, sur 3018.fr par tchat en direct, via Messenger et WhatsApp.

Vous trouverez plus d'informations sur ce service sur e-enfance.org.

5e

7

Séance 7

D'accord ?

AFFIRMATION DE SOI ET ALTÉRITÉ

⏱ 55 à 90 minutes

💬 Discussion

Objectifs

➡ Savoir prendre des décisions

➡ Avoir une pensée critique

➡ Savoir communiquer efficacement

➡ Être habile dans ses relations

➡ Avoir conscience de soi

➡ Avoir de l'empathie pour les autres

Supports à prévoir

- Préparez l'espace avec sept lignes au sol (voir schéma) tracées à la craie ou matérialisées par du ruban adhésif. Imprimez et fixez les panneaux indicatifs face à chaque ligne.

  Variante : imprimez six fiches de vote pour chaque participant (totalement d'accord, d'accord, un peu d'accord, pas tellement d'accord, pas d'accord, pas du tout d'accord).

Déroulé

Par groupe de six à douze, les participants sont invités à se déplacer sur des lignes au sol en fonction de leur avis sur un sujet donné. Ils proposent leur avis sur 3 sujets, puis un autre groupe passe et argumente sur trois nouveaux sujets, etc.

6. D'abord, les participants sont tous alignés sur la ligne centrale, les uns derrière les autres, face à vous.

7. Vous faites une déclaration, donnez une dizaine de secondes à chacun pour réfléchir, puis vous leur donnez le « top départ » pour se déplacer sur la ligne de leur choix en fonction de leur avis. Personne ne peut rester sur la ligne centrale.

8. Vous invitez les participants à expliquer leur choix. Ils peuvent se déplacer tout au long des échanges (durant leurs explications ou pendant celles des autres participants).

9. Une fois que chacun a pu donner son avis et se déplacer, les participants reviennent sur la ligne centrale pour se préparer à la déclaration suivante.

Propositions de déclarations *(plus de propositions en fin d'ouvrage)*

Je suis accro aux réseaux sociaux

Je m'intéresse à ce qu'il se passe dans le monde

Je suis trop stressé pour mon âge

J'aime mon apparence

Les filles sont plus matures que les garçons

Je m'inquiète pour mon futur

C'est OK de venir au collège maquillé(e)

C'est OK de mettre une main aux fesses pour rigoler

Les gens qui maltraitent les enfants devraient être condamnés à mort

Je m'inquiète pour l'avenir de la planète

Les enfants d'aujourd'hui ont moins de libertés que ceux d'avant

Il est plus facile d'être un homme que d'être une femme

Les enfants d'aujourd'hui en savent trop sur la sexualité

Les adultes d'aujourd'hui sont stricts

À prendre en considération

- Cette séance permet de se confronter aux représentations, avis et arguments des autres participants, et de proposer les siens.

- Il est important que cette séance se passe dans un climat de bienveillance, sans moquerie ni humiliation. Encouragez les participants à se soutenir, à s'entraider.

- Il est préférable que chacun participe, mais si un thème est particulièrement sensible pour un participant, il est possible de ne pas donner son avis, de façon exceptionnelle.

- Si vous utilisez la variante par manque d'espace, tous les participants sont assis et donnent leur avis pour chaque déclaration et seuls quelques-uns argumenteront.

Schéma de disposition des lignes au sol :

🔴 Vous   🔵 Participants

Disposition de la salle au moment d'une déclaration :

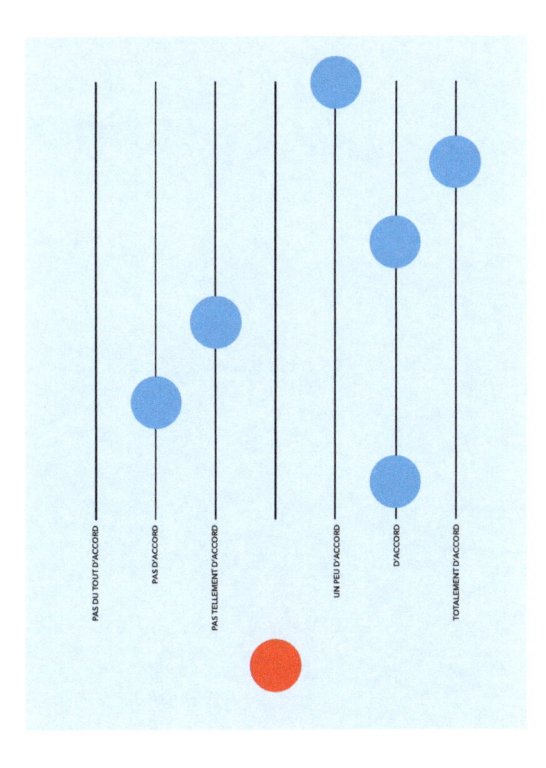

Exemple de disposition de la salle après une déclaration :

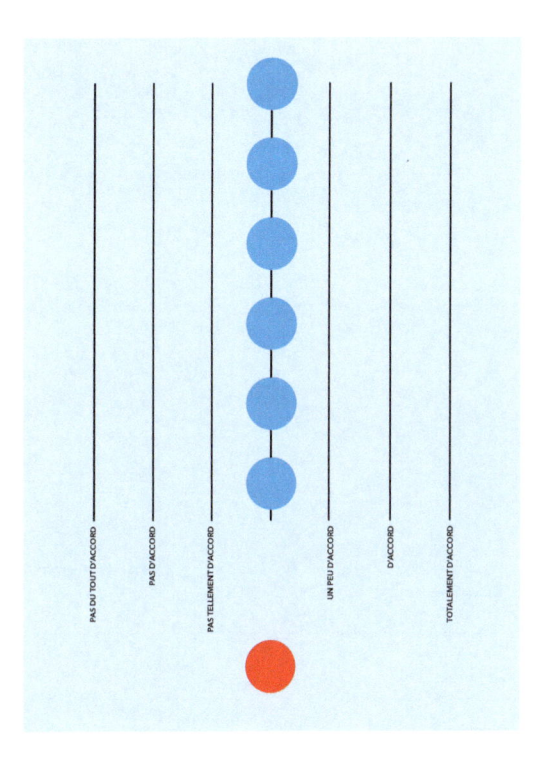

En face de chaque ligne, sur le mur derrière vous, fixez le panneau correspondant.

Notes

4e

1

Séance 1

Manipulation, gestion du stress

INTELLIGENCE ÉMOTIONNELLE

⏱ 55 à 90 minutes
🐞 Jeu de rôle

Objectifs

➡ Repérer et verbaliser ses ressentis

➡ Distinguer les émotions, les sentiments et les besoins

➡ Savoir gérer ses émotions

➡ Savoir communiquer efficacement

➡ Connaître des techniques de gestion du stress

➡ Être capable de demander de l'aide

Supports à prévoir

- Imprimez les situations entre les personnages ALEX et SAM.

✅ Consultez en fin d'ouvrage la fiche d'accompagnement « les émotions, les sentiments et les besoins » pour vous aider à préparer cette séance.

✅ Consultez en fin d'ouvrage la fiche d'accompagnement « les techniques de gestion du stress » pour vous aider à préparer cette séance.

Déroulé

1. Demandez aux participants de vous dire jusqu'où ils pourraient aller par amour ou par amitié pour quelqu'un.

2. Proposez-leur de participer à des petites mises en situation afin de réfléchir à la façon dont on peut communiquer ensemble en se respectant.
   Deux participants (fille ou garçon) volontaires se lèvent, décident de qui sera ALEX et qui sera SAM, puis l'un des deux pioche au hasard une situation, qu'ils doivent jouer pendant quelques secondes.
   À la fin de la séquence, demandez à chaque interprète ce qu'il a ressenti, et comment il aurait pu s'y prendre pour mieux vivre la situation : « est-ce que tu aurais aimé être à sa place ? »
   Les participants spectateurs peuvent les conseiller, proposer des alternatives en venant remplacer l'un ou l'autre des interprètes.

3. Les participants sont invités à réfléchir à la façon la plus respectueuse (pour eux et pour l'autre) de gérer ces situations.

4. Demandez aux participants de vous donner des exemples de techniques permettant de gérer son angoisse ou son stress pour se préparer à oser aller parler à quelqu'un. Après plusieurs exemples donnés par les participants, vous pouvez leur proposer quelques techniques.

5. Demandez aux participants de vous citer des personnes à qui ils pourraient demander de l'aide s'ils se trouvaient un jour en difficulté avec quelqu'un qui se comporte mal ou qui est trop insistant, voir qui commet une infraction contre eux. Rappelez-leur les numéros et sites d'urgence, et présentez-leur le fonctionnement du numéro 119.

À prendre en considération

- Voici quelques pistes de réflexion à mener avec les participants :

« Est-ce qu'une personne qui vous demande de faire quelque chose qui est contre vos valeurs vous respecte vraiment ? »

« Est-ce qu'une personne qui vous demande de faire quelque chose qui est contre votre intérêt vous aime vraiment ? »

« Est-ce qu'une personne qui vous incite à vous éloigner de vos amis et de votre famille peut avoir de bonnes intentions ? »

« Qu'est-ce qu'une preuve d'amour ? »

« Qu'est-ce que la manipulation ? Comment se rendre compte que quelqu'un nous manipule ? »

« Est-ce que l'amour implique une certaine soumission à l'autre ? »

« Jusqu'où peut-on faire des concessions pour rester avec la personne que l'aime ? »

- Si des situations violentes vécues sont abordées pendant la séance par certains participants, n'hésitez jamais à effectuer une information préoccupante, même si vous n'avez pas l'aval de votre hiérarchie.

Le 119 est le numéro national dédié à la prévention et à la protection des mineurs (enfants et adolescents) en danger ou qui risquent de l'être.

L'échange par tchat est également disponible sur le site 7 jours sur 7, 365 jours par an.

Vous trouverez plus d'informations sur ce service sur allo119.gouv.fr.

4e
2

Séance 2

Le corps, les organes génitaux

CONNAISSANCES

⏱ 55 à 90 minutes
✋ Activité manuelle

Objectifs

➡ Avoir des connaissances sur la sexualité, la puberté, la contraception, les infections sexuellement transmissibles, etc.

➡ Avoir une meilleure connaissance de l'anatomie humaine

➡ Savoir poser des questions sur l'intimité

➡ Avoir conscience de soi

➡ Avoir de l'empathie pour les autres

En amont de la séance

- Proposer aux participants, quelque temps avant la séance, de déposer leurs questions dans une boîte aux lettres dédiée.

✅ **Consultez en fin d'ouvrage les différentes fiches d'accompagnement pour vous aider à préparer cette séance.**

Déroulé

1. Demandez aux participants de vous citer tous les mots qu'ils connaissent désignant les parties génitales. Distinguez les mots que l'on peut utiliser avec ses amis des termes que l'on peut utiliser devant un professionnel (médecin, etc.).

2. Demandez aux participants de vous citer les principales modifications physiologiques et psychiques apparaissant durant la puberté.

3. Engagez une conversation pour répondre aux différentes questions.

Questions habituellement posées

À quel âge peut-on avoir des relations sexuelles ? Est-ce qu'on doit se protéger si on est tous les deux vierges ? Est-ce qu'il y a un préservatif spécial pour la première fois ? Est-ce que ça fait mal la première fois ? Comment savoir quand on est prêt ?
Est-ce qu'on peut être enceinte après la première fois ? À partir de quel âge peut-on prendre la pilule ?
Comment savoir si on a déjà eu un orgasme ?
Est-ce que c'est un problème de coucher pour faire plaisir à sa ou son partenaire ? Est-ce qu'il faut faire des fellations / des cunnilingus ? Est-ce que c'est une preuve d'amour ?
Comment gérer sa jalousie ?
Comment se remettre d'un chagrin d'amour ?
Pourquoi y a-t-il plusieurs modèles de préservatifs ?
Peut-on être enceinte s'il n'y a pas eu de pénétration / d'éjaculation ?
Que faire si le préservatif se déchire ?
Que faire quand on est enceinte ?
Comment savoir si on est homosexuel ? Comment savoir si on se sent plus fille ou garçon ?
Est-ce que c'est normal de regarder du porno ? Est-ce que c'est normal d'aimer ça ? Est-ce qu'il y a des trucages dans le porno ?

À prendre en considération

- L'animation de cette séance nécessite la lecture en amont du « Cahier de l'intervenant ».

- Proposez aux participants de poser leurs questions, ou proposez-leur des questions habituellement posées par les adolescents (voir la liste en rouge).

- Laissez les participants proposer des réponses, puis proposez votre propre réponse dans un second temps.

- Si vous n'avez pas la réponse, dites-le simplement, puis dirigez les participants vers le bon interlocuteur.

- Précisez aux participants qu'ils peuvent trouver de nombreuses fausses informations sur les sites internet et sur les réseaux sociaux, même sur des profils qui semblent être animés par des gens très informés.
  Expliquez-leur que rien ne vaut une rencontre avec des professionnels de santé, comme ceux que l'on peut trouver dans les Centres de Planification et d'Éducation Familiale (CPEF), dans lesquels ils peuvent se rendre pour des conseils ou pour un suivi médical (le suivi et les entretiens sont confidentiels).
  Donnez aux participants l'adresse et la localisation précise du CPEF le plus proche. Précisez-leur que ce sont des lieux ouverts aux filles comme aux garçons.

4e

3

Séance 3

Le consentement

AFFIRMATION DE SOI ET ALTÉRITÉ

⏱ 55 à 90 minutes

🖥 Média

Objectifs

➡ Avoir conscience de soi

➡ Comprendre sa place dans la société

➡ Avoir une pensée créative

➡ Avoir une pensée critique

Supports à prévoir

- Vidéos du site **consentement.info** à télécharger sur **edsens.fr**.

✅ **Consultez en fin d'ouvrage la fiche d'accompagnement « les infractions sexuelles » pour vous aider à préparer cette séance.**

Déroulé

1. Demandez aux participants de vous expliquer ce qu'est le consentement.

2. Diffusez la vidéo « Quand c'est oui, c'est oui (la chanson du consentement) », puis demandez aux participants de vous citer des éléments permettant de savoir si on est consentant et si l'autre personne est consentante.

3. Diffusez la vidéo « Consentement et agression sexuelle » puis engagez une discussion sur ce thème.

4. Diffusez la vidéo « À partir de quel âge est-ce que je peux consentir ? » puis engagez une discussion sur ce thème.

5. Diffusez la vidéo « Comment dire stop ? » puis engagez une discussion sur ce thème.

6. Diffusez la vidéo « Si j'ai pas dit non, est-ce que c'est un viol ? » puis engagez une discussion sur ce thème.

7. Diffusez la vidéo « Comment savoir si c'est non ? » puis engagez une discussion sur ce thème.

Pour aller plus loin, ouvrez la réflexion

Comment savoir si j'ai réellement envie d'avoir une relation sexuelle ?

Comment consentir à quelque chose que je n'ai jamais vécu ?

Comment savoir si l'autre me dit oui parce qu'il en a réellement envie ou pour me faire plaisir ?

À prendre en considération

- Le consentement est une notion complexe à définir. Il existe de nombreux « modes d'emploi » du consentement, proposant de s'assurer du consentement de l'autre en trois, cinq ou dix étapes. L'enjeu de cette séance est d'aller au-delà et d'engager une réflexion sur la difficulté que l'on peut avoir à définir son propre désir (comment savoir si j'en ai réellement envie ? comment consentir à quelque chose que je n'ai jamais vécu ?) et du désir de l'autre (comment savoir si l'autre me dit oui parce qu'il en a réellement envie ou pour me faire plaisir ?).

- Insistez sur les notions d'écoute de soi et d'empathie.

- La notion de « zone grise » est complexe à appréhender. Plutôt que de tenter de la définir, vous pouvez ouvrir la réflexion sur la difficulté à verbaliser son refus et sur les moyens d'y parvenir (en revenant par exemple sur les techniques de gestion du stress).

- Si des situations violentes vécues sont abordées pendant la séance par certains participants, n'hésitez jamais à effectuer une information préoccupante, même si vous n'avez pas l'aval de votre hiérarchie.

- Si vous êtes très audacieux, vous pouvez diffuser une seconde fois la chanson en fin de séance !

4e

4

Séance 4

Légal, illégal : pourquoi ?

COMPRÉHENSION DE LA LOI

⏱ 55 à 90 minutes

💬 Discussion

Objectifs

➡ Connaître les principales règles applicables en matière d'infractions sexuelles

➡ Avoir une pensée critique

➡ Être capable de gérer sa frustration

➡ Savoir communiquer efficacement

➡ Être capable de demander de l'aide

Supports à prévoir

- Règlement intérieur de l'établissement.
- Livret « Les infractions sexuelles » disponible sur **violences-sexuelles.info**.
- Vidéos du site **violences-sexuelles.info** à télécharger sur **edsens.fr**.

✅ **Consultez en fin d'ouvrage la fiche d'accompagnement « les infractions sexuelles » pour vous aider à préparer cette séance.**

Déroulé

1. Demandez aux participants de vous dire ce qu'est un viol.
   Donnez-leur ensuite la définition légale du viol ou diffusez la vidéo correspondante.

2. Expliquer aux participants que la justice s'intéresse non pas à l'absence de consentement (il est complexe de prouver l'absence d'une chose), mais s'attache à prouver la présence de « violence » ou de « contrainte » ou de « menace » ou de « surprise ».
   Vous pouvez diffuser la ou les vidéos correspondantes ou lire la définition juridique de ces termes.

3. Demandez aux participants ce qu'ils feraient si on leur demandait de juger leur meilleur(e) ami(e) accusé d'avoir commis un viol sur quelqu'un qu'ils ne connaissent pas.

4. Demandez aux participants ce qu'ils feraient si on leur demandait de juger une personne qu'ils ne connaissent pas, accusée de viol par leur meilleur(e) ami(e).

> **Pour aller plus loin, ouvrez la réflexion**
>
> La justice préfère qu'il y ait un coupable en liberté plutôt qu'un innocent en prison, c'est la raison pour laquelle on ne condamne pas quelqu'un sans preuve. Qu'en pensez-vous ?
>
> Imaginez que l'on vous accuse de quelque chose que vous n'avez pas fait. Comment voudriez-vous que l'on vous traite ?

5. Demandez aux participants de vous citer d'autres infractions sexuelles.
   Vous pouvez diffuser les vidéos correspondantes ou lire les définitions juridiques de ces infractions.

6. Demandez aux participants ce qu'ils pourraient mettre en place à titre individuel pour s'assurer qu'ils ne commettront jamais d'infraction sexuelle contre quelqu'un (exemple : toujours s'assurer de l'accord verbal de sa/son partenaire), et de ce qu'ils pourraient mettre en place pour limiter le risque d'être victime d'infraction sexuelle (exemple : s'entraîner pour parvenir à montrer clairement son accord ou son désaccord à sa/son partenaire).

À prendre en considération

- Vous trouverez des supports, notamment des définitions au format vidéo, sur le site **violences-sexuelles.info**.

- L'enjeu de cette séance, au-delà d'informer les participants sur les différentes infractions sexuelles, et d'engager une réflexion sur l'importance d'une justice humaine, respectueuse des valeurs de notre démocratie, notamment des droits de l'Homme.

- La difficulté pour l'intervenant lors de cette séance sera de parvenir à ce que les participants, sans avoir aucun discours culpabilisant à l'égard des victimes, parviennent à se départir de leurs émotions pour mener une réflexion sur la gestion des infractions sexuelles par la justice, leur permettant de comprendre la nécessité d'un temps judiciaire qui semble long, de preuves, et l'importance de ne pas condamner une personne qui pourrait être innocente.

- Vous pouvez profiter de cette séance pour sensibiliser les participants à l'importance et à l'obligation morale et légale de protéger les adolescents qui leur révèleraient des situations de danger. Beaucoup d'adolescents victimes de maltraitances se confient à leurs amis. Ces derniers doivent être en mesure de prévenir les autorités (directement ou par l'intermédiaire d'un adulte de confiance).
Soyez à l'écoute et sollicitez les personnels de santé et d'action sociale si nécessaire. En cas de suspicion de maltraitance, n'hésitez jamais à effectuer une information préoccupante, même si vous n'avez pas l'aval de votre hiérarchie.

4e

5

Séance 5

Moi, mon livre

AFFIRMATION DE SOI ET ALTÉRITÉ

⏱ 55 à 90 minutes
✋ Activité manuelle

Objectifs

➡ Avoir conscience de soi

➡ Comprendre sa place dans la société

➡ Avoir une pensée créative

➡ Avoir une pensée critique

Supports à prévoir

- Feuilles et feutres ou crayons.

Prévoyez, si cela est possible, une table par participant.

Déroulé

Demandez aux participants d'écrire et d'illustrer un livre sur eux-mêmes.

Chacun devra écrire un petit livre, comportant :

1. Une couverture avec un titre de leur choix et une illustration,

2. Un premier chapitre dans lequel ils se présentent,

3. Au moins une page sur leur famille (texte et/ou illustration),

4. Au moins une page sur leur logement (texte et/ou illustration),

5. Au moins une page sur leur établissement scolaire (texte et/ou illustration),

6. Au moins une page sur leurs goûts et leurs loisirs (texte et/ou illustration),

7. Au moins une page sur leur futur proche « moi dans 5 ans », tel qu'ils le souhaitent (texte et illustration),

8. Au moins une page sur leur futur lointain « moi dans 20 ans », tel qu'ils le souhaitent (texte et illustration).

À prendre en considération

- L'enjeu de cette séance est d'offrir à chaque adolescent un temps personnel lui permettant de se questionner sur son identité, ses goûts et ses souhaits pour le futur.
C'est une séance silencieuse, sans partage avec les autres participants.

- Soyez à l'écoute et sollicitez les personnels de santé et d'action sociale si nécessaire. En cas de suspicion de maltraitance, n'hésitez jamais à effectuer une information préoccupante, même si vous n'avez pas l'aval de votre hiérarchie.

4e

6

Séance 6

Intimité et réseaux sociaux

AFFIRMATION DE SOI ET ALTÉRITÉ

🕐 55 à 90 minutes

💬 Discussion

Objectifs

➡ Avoir une pensée critique

➡ Discerner les espaces intimes et publics

➡ Savoir communiquer efficacement

➡ Porter un regard critique sur les contenus visionnés sur les réseaux sociaux

➡ Savoir résoudre les problèmes

➡ Savoir demander de l'aide

Supports à prévoir

- Feuilles et stylos.
- Livret « Les infractions sexuelles » disponible sur **violences-sexuelles.info**.
- Vidéos du site **violences-sexuelles.info** à télécharger sur **edsens.fr**.

✅ **Consultez en fin d'ouvrage la fiche d'accompagnement « la pornographie » pour vous aider à préparer cette séance.**

Déroulé

1. Demandez aux participants s'il leur arrive de se mettre en scène sur les réseaux sociaux, et le cas échéant, de décrire le type de contenu qu'ils produisent.

2. Demandez aux participants s'ils ont déjà réfléchi à ce qu'ils acceptent de révéler d'eux-mêmes, et ce qu'ils souhaitent garder pour eux : identité, adresse, image de leur domicile, image de leur corps, secrets, etc.
Proposez-leur de noter sur le recto d'une feuille tout ce qu'ils acceptent de révéler d'eux-mêmes sur les réseaux sociaux, de façon publique.
Au verso, demandez aux participants de noter tout ce qu'ils ne souhaitent pas révéler de leur intimité. Les réponses peuvent être extrêmement précises s'ils le souhaitent : « le prénom de mon petit frère », « porter un short qui révèle l'élastique de ma culotte », etc.

3. Proposez-leur de partager avec les autres les choses qu'ils ne souhaitent pas révéler, et d'expliquer pourquoi, les autres participants ayant la possibilité de donner leur avis de manière bienveillante et constructive.

> **Pour aller plus loin, ouvrez la réflexion**
>
> Est-ce que l'on peut se retrouver un peu piégé par les mentions « j'aime » ou le nombre de vues ? Est-ce que cela peut impacter le moral, ou l'image que l'on a de soi ?
>
> Est-ce que la célébrité rend heureux ?

4. Demandez-leur de vous citer des infractions sexuelles en lien avec le numérique.
Vous pouvez diffuser les vidéos correspondantes ou lire les définitions juridiques de ces infractions.

5. Demandez-leur s'ils savent à qui demander de l'aide si un jour ils ont des difficultés en lien avec le numérique. Présentez-leur le 3018.

À prendre en considération

- Si un participant laisse le recto de la feuille blanche, cela signifie qu'il n'est absolument pas présent sur les réseaux sociaux. En revanche, s'il a un profil secret, avec un identifiant anonyme, il notera sur la feuille quelque chose comme : « pseudo qui n'a aucun lien avec ma vraie identité ».

- Vous pouvez profiter de cette séance pour travailler les stéréotypes de genre en questionnant les différences de contenus ou les comportements jugés acceptables ou inacceptables en fonction du genre.

- Si le sujet est abordé, vous pouvez engager une conversation sur la pornographie.

- La proposition de réflexion (texte en rouge) est une première étape vers une conversation plus globale sur l'impact des réseaux sociaux sur la santé mentale des adolescents. Les statistiques montrent une hausse inquiétante des tentatives et suicides chez les jeunes, qui pourrait être en lien avec l'utilisation des outils numériques.

- Vous pouvez proposer aux participants de participer à une « détox » de groupe où chacun s'engagerait à ne pas utiliser son téléphone pendant une période de temps donnée.

- Si vous pensez qu'un participant est dans une situation inquiétante, alertez les personnels de santé et d'action sociale. En cas de suspicion de cyberharcèlement, n'hésitez jamais à effectuer une information préoccupante, même si vous n'avez pas l'aval de votre hiérarchie.

> Gratuit, anonyme et confidentiel, le 3018 est le numéro national d'aide pour les adolescents et les parents, pour toutes les questions liées aux usages numériques des jeunes.
>
> Le 3018 est accessible par téléphone 6 jours sur 7 de 9 heures à 20 heures, sur 3018.fr par tchat en direct, via Messenger et WhatsApp.

Vous trouverez plus d'informations sur ce service sur e-enfance.org.

4e

7

Séance 7

D'accord ?

AFFIRMATION DE SOI ET ALTÉRITÉ

⏱ 55 à 90 minutes

💬 Discussion

Objectifs

➡ Savoir prendre des décisions

➡ Avoir une pensée critique

➡ Savoir communiquer efficacement

➡ Être habile dans ses relations

➡ Avoir conscience de soi

➡ Avoir de l'empathie pour les autres

Supports à prévoir

- Préparez l'espace avec sept lignes au sol (voir schéma) tracées à la craie ou matérialisées par du ruban adhésif. Imprimez et fixez les panneaux indicatifs face à chaque ligne.

    Variante : imprimez six fiches de vote pour chaque participant (totalement d'accord, d'accord, un peu d'accord, pas tellement d'accord, pas d'accord, pas du tout d'accord).

Déroulé

Par groupe de six à douze, les participants sont invités à se déplacer sur des lignes au sol en fonction de leur avis sur un sujet donné. Ils proposent leur avis sur 3 sujets, puis un autre groupe passe et argumente sur trois nouveaux sujets, etc.

6. D'abord, les participants sont tous alignés sur la ligne centrale, les uns derrière les autres, face à vous.

7. Vous faites une déclaration, donnez une dizaine de secondes à chacun pour réfléchir, puis vous leur donnez le « top départ » pour se déplacer sur la ligne de leur choix en fonction de leur avis. Personne ne peut rester sur la ligne centrale.

8. Vous invitez les participants à expliquer leur choix. Ils peuvent se déplacer tout au long des échanges (durant leurs explications ou pendant celles des autres participants).

9. Une fois que chacun a pu donner son avis et se déplacer, les participants reviennent sur la ligne centrale pour se préparer à la déclaration suivante.

Propositions de déclarations *(plus de propositions en fin d'ouvrage)*

Je suis accro aux réseaux sociaux

Je m'intéresse à ce qu'il se passe dans le monde

Je suis trop stressé pour mon âge

J'aime mon apparence

L'argent fait le bonheur

Je suis bien avec mon genre de naissance (fille/garçon)

Je m'inquiète pour mon futur

C'est OK de coucher avec quelqu'un dont on ne connaît pas le prénom

C'est OK de sortir avec sa cousine/son cousin

C'est OK de dormir dans le même lit que sa/son meilleur(e) ami(e)

C'est OK de venir au collège maquillé(e)

C'est OK de mettre une main aux fesses pour rigoler

C'est OK de rester ami avec son ex

C'est OK de sortir avec le frère ou la sœur de sa ou son meilleur ami

À prendre en considération

- Cette séance permet de se confronter aux représentations, avis et arguments des autres participants, et de proposer les siens.

- Il est important que cette séance se passe dans un climat de bienveillance, sans moquerie ni humiliation. Encouragez les participants à se soutenir, à s'entraider.

- Il est préférable que chacun participe, mais si un thème est particulièrement sensible pour un participant, il est possible de ne pas donner son avis, de façon exceptionnelle.

- Si vous utilisez la variante par manque d'espace, tous les participants sont assis et donnent leur avis pour chaque déclaration et seuls quelques-uns argumenteront.

Schéma de disposition des lignes au sol :

🔴 Vous   🔵 Participants

Disposition de la salle au moment d'une déclaration :

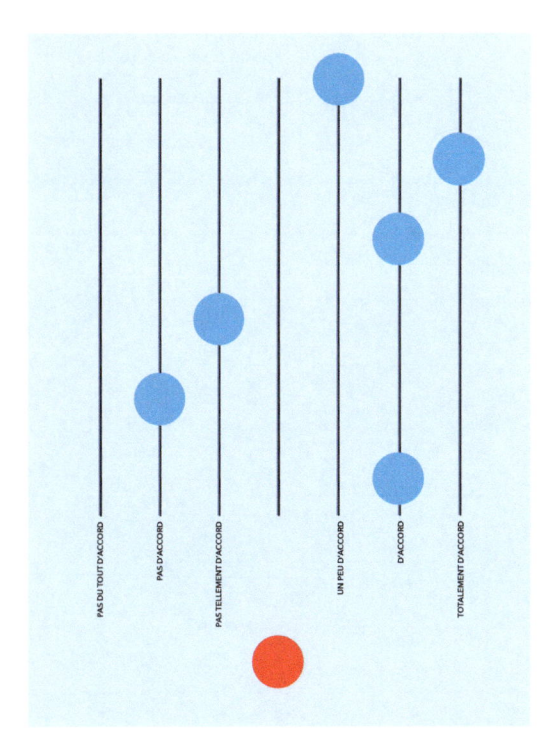

Exemple de disposition de la salle après une déclaration :

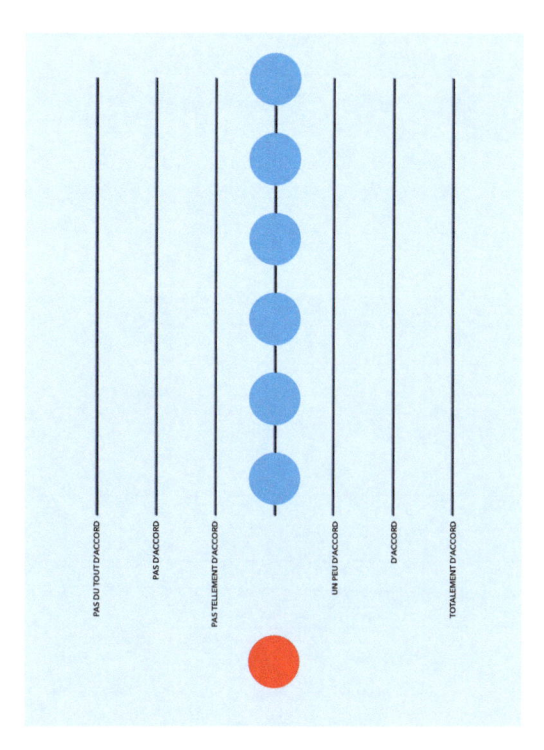

En face de chaque ligne, sur le mur derrière vous, fixez le panneau correspondant.

Notes

3e

1

Séance 1

Savoir gérer une situation

INTELLIGENCE ÉMOTIONNELLE

⏱ 55 à 90 minutes

🐞 Jeu de rôle

Objectifs

➡ Avoir les bons réflexes en situation d'urgence

➡ Savoir gérer ses émotions

➡ Savoir communiquer efficacement

➡ Connaître des techniques de gestion du stress

➡ Être capable de demander de l'aide

Supports à prévoir

Aucun support à prévoir pour cette séance.

✅ **Consultez en fin d'ouvrage la fiche d'accompagnement « les techniques de gestion du stress » pour vous aider à préparer cette séance.**

Déroulé

1. Demandez aux participants de vous citer les situations d'urgence qu'ils auraient le plus de difficulté à savoir gérer (exemples : incendie, inondation, attentat, crise cardiaque d'un membre de leur famille, agression dans la rue, intoxication d'un proche pendant une soirée, risque de contamination à une infection sexuellement transmissible, contraception d'urgence, etc.)

2. Demandez-leur de vous citer tous les numéros d'urgence qu'ils connaissent.
   Donnez-leur les numéros qu'ils ne connaissent pas (112, 114, 119, 3020…)

3. En fonction des situations précédemment citées, proposez aux participants de simuler un appel d'urgence à un service de secours, un entretien avec un médecin, un dépôt de plainte au commissariat, etc.

4. Pendant les mises en situation, demandez aux participants de vous donner des exemples de techniques permettant de gérer son stress.
   Vous pouvez leur proposer quelques techniques.

5. Demandez aux participants de vous citer des personnes à qui ils pourraient demander de l'aide s'ils se trouvaient un jour en difficulté. Échangez sur l'importance de savoir demander un soutien, et présentez-leur le numéro de prévention du suicide, le 3114.

Pour aller plus loin, ouvrez la réflexion

D'après vous, quand on a vécu une situation très difficile, comme un accident grave, une agression ou la perte d'un proche, comment fait-on pour aller mieux, pour vivre heureux ?

À prendre en considération

- Avec un groupe dissipé, démarrez avec une séance de méditation d'une dizaine de minutes, dans un cadre strict. Le silence absolu est exigé, les yeux sont obligatoirement fermés, les corps sont statiques, chacun se concentre sur sa respiration, sur les sons extérieurs et sur votre voix.

- Vous pouvez profiter de cette séance pour sensibiliser les participants à l'importance et à l'obligation morale et légale de protéger les adolescents qui leur révèleraient des situations de danger. Beaucoup d'adolescents victimes de maltraitances se confient à leurs amis. Ces derniers doivent être en mesure de prévenir les autorités (directement ou par l'intermédiaire d'un adulte de confiance).
Soyez à l'écoute et sollicitez les personnels de santé et d'action sociale si nécessaire. En cas de suspicion de maltraitance, n'hésitez jamais à effectuer une information préoccupante, même si vous n'avez pas l'aval de votre hiérarchie.

- La proposition de réflexion (texte en rouge) est une première étape vers une conversation plus globale sur la résilience, l'importance d'être en capacité à demander et recevoir de l'aide, à trouver une personne qui puisse entendre sa souffrance et ses difficultés, à savoir s'entourer de personnes bienveillantes.
Vous pouvez profiter de cette séance pour présenter les personnels de santé et d'action sociale de l'établissement, leur rôle et leurs missions.

- En cas de suspicion de maltraitance, n'hésitez jamais à effectuer une information préoccupante, même si vous n'avez pas l'aval de votre hiérarchie.

> Le 3114 est la ligne nationale dédiée à la prévention du suicide. Confidentielle et gratuite, elle permet de répondre aux besoins immédiats des personnes en recherche d'aide : écoute, évaluation, intervention, urgence, orientation ou suivi de crise. Elle s'adresse également aux professionnels en contact avec des personnes en détresse.

Vous trouverez plus d'informations sur ce service sur allo119.gouv.fr.

3e
2

Séance 2

Légal, illégal : pourquoi ?

COMPRÉHENSION DE LA LOI

⏱ 55 à 90 minutes

💬 Discussion

Objectifs

➡ Connaître les principales règles applicables en fonction des espaces, des moments et des âges

➡ Avoir une pensée critique

➡ Être capable de gérer sa frustration

➡ Savoir communiquer efficacement

➡ Être capable de demander de l'aide

Supports à prévoir

- Règlement intérieur de l'établissement.
- Livret « Les infractions sexuelles » disponible sur **violences-sexuelles.info**.

✅ **Consultez en fin d'ouvrage la fiche d'accompagnement « les infractions sexuelles » pour vous aider à préparer cette séance.**

Déroulé

1. Demandez aux participants de vous raconter la dernière fois qu'ils ont été témoins ou victimes d'une situation injuste, au collège ou ailleurs. Il peut s'agir d'un fait d'actualité, voire d'une situation inventée.

2. Demandez aux participants de vous citer plusieurs règles en vigueur dans l'enceinte du collège, puis de les classer par ordre de gravité (ce qu'ils estiment être plus ou moins grave).

> **Pour aller plus loin, ouvrez la réflexion**
>
> Y a-t-il des actes qui sont considérés comme très graves au collège, mais pas très graves ailleurs ?
>
> Pensez-vous que certaines règles sont injustes ?

3. Demandez aux participants de vous citer des règles qui s'appliquent en fonction des âges (par exemple pour les collégiens et les enseignants).

4. Demandez aux participants de vous citer les règles qui leur semblent les plus injustes dans la loi.

5. Demandez aux participants de vous citer des règles qui concernent les relations amoureuses.

> **Pour aller plus loin, ouvrez la réflexion**
>
> Est-ce qu'on a des droits sur la personne avec qui on est en couple, par exemple de pouvoir contrôler ses déplacements, ses fréquentations ou son téléphone ?

À prendre en considération

- Cette séance peut sembler redondante lorsque des cours d'éducation civique sont déjà proposés. Pourtant, il est ici question de ressenti, d'analyse de ses propres émotions face à une situation vécue comme juste ou injuste, de sa capacité à gérer sa frustration et à argumenter sa propre opinion. C'est un exercice permettant de travailler les relations interpersonnelles, la gestion de conflit, les enjeux du respect des lois permettant de vivre ensemble. C'est aussi le moment d'informer sur les limites légales et les risques encourus en cas d'infraction.

- La proposition de réflexion (texte en rouge) est une première étape vers une conversation plus globale sur les relations amicales et amoureuses : « est-ce que je peux contrôler la personne avec qui je suis ami / en couple ? Où s'arrêtent l'engagement, l'investissement et les concessions dans l'amitié / le couple ? »

3e

3

Séance 3

Puberté, sexualité

CONNAISSANCES

⏱ 55 à 90 minutes

💬 Discussion

Objectifs

➡ Avoir des connaissances sur la sexualité, la puberté, la contraception, les infections sexuellement transmissibles, etc.

➡ Avoir une meilleure connaissance de l'anatomie humaine

➡ Savoir poser des questions sur l'intimité

➡ Avoir conscience de soi

➡ Avoir de l'empathie pour les autres

En amont de la séance

- Proposer aux participants, quelque temps avant la séance, de déposer leurs questions dans une boîte aux lettres dédiée.

✅ **Consultez en fin d'ouvrage les différentes fiches d'accompagnement pour vous aider à préparer cette séance.**

Déroulé

1. Demandez aux participants de vous citer tous les mots qu'ils connaissent désignant les relations sexuelles. Distinguez les mots que l'on peut utiliser avec ses amis des termes que l'on peut utiliser devant un professionnel (médecin, etc.).

2. Demandez aux participants de vous citer les principales infections sexuelles transmissibles, et comment s'en protéger.

3. Demandez aux participants de vous citer les principaux moyens de contraception, et comment se mes procurer.

4. Engagez une conversation pour répondre aux différentes questions.

Questions habituellement posées

À quel âge peut-on avoir des relations sexuelles ? Est-ce qu'on doit se protéger si on est tous les deux vierges ? Est-ce qu'il y a un préservatif spécial pour la première fois ? Est-ce que ça fait mal la première fois ? Comment savoir quand on est prêt ?
Est-ce qu'on peut être enceinte après la première fois ? À partir de quel âge peut-on prendre la pilule ?
Comment savoir si on a déjà eu un orgasme ?
Est-ce que c'est un problème de coucher pour faire plaisir à sa ou son partenaire ? Est-ce qu'il faut faire des fellations / des cunnilingus ? Est-ce que c'est une preuve d'amour ?
Comment gérer sa jalousie ?
Comment se remettre d'un chagrin d'amour ?
Pourquoi y a-t-il plusieurs modèles de préservatifs ?
Peut-on être enceinte s'il n'y a pas eu de pénétration / d'éjaculation ?
Que faire si le préservatif se déchire ?
Que faire quand on est enceinte ?
Comment savoir si on est homosexuel ? Comment savoir si on se sent plus fille ou garçon ?

À prendre en considération

- L'animation de cette séance nécessite la lecture en amont du « Cahier de l'intervenant ».

- Proposez aux participants de poser leurs questions, ou proposez-leur des questions habituellement posées par les adolescents (voir la liste en rouge).

- Laissez les participants proposer des réponses, puis proposez votre propre réponse dans un second temps.

- Si vous n'avez pas la réponse, dites-le simplement, puis dirigez les participants vers le bon interlocuteur.

- Précisez aux participants qu'ils peuvent trouver de nombreuses fausses informations sur les sites internet et sur les réseaux sociaux, même sur des profils qui semblent être animés par des gens très informés.
  Expliquez-leur que rien ne vaut une rencontre avec des professionnels de santé, comme ceux que l'on peut trouver dans les Centres de Planification et d'Éducation Familiale (CPEF), dans lesquels ils peuvent se rendre pour des conseils ou pour un suivi médical (le suivi et les entretiens sont confidentiels).
  Donnez aux participants l'adresse et la localisation précise du CPEF le plus proche. Précisez-leur que ce sont des lieux ouverts aux filles comme aux garçons.

3e

4

Séance 4

Moi, les autres

AFFIRMATION DE SOI ET ALTÉRITÉ

⏱ 55 à 90 minutes

🎭 Jeu de rôle

Objectifs

➡ Avoir conscience de soi

➡ Comprendre sa place dans la société

➡ Avoir une pensée créative

➡ Avoir une pensée critique

Supports à prévoir

- Un miroir qui peut circuler de main en main (incassable et léger).

Déroulé

1. Demandez aux participants de vous citer les critères les plus importants attendus d'une personne avec qui ils aimeraient être en couple.

> **Exemples de critères**
>
> L'âge (différence) ou la maturité
> La beauté physique
> La personnalité (gentillesse, honnêteté…)
> La popularité
> Le charme
> Le genre (femme / homme)
> Le niveau social (argent, belle maison, piscine…)
> Le style vestimentaire
> Les loisirs
> Les opinions en commun (valeurs, politique, combats…)
> Les préférences sexuelles

2. Demandez ensuite à <u>**chaque**</u> participant de se regarder à tour de rôle dans un miroir, droit dans les yeux, et de dire à voix haute une chose qu'il aime chez lui.

   Il peut s'agir d'une qualité physique, d'une qualité humaine, d'une action qui l'a rendu fier, ou autre chose, tant que c'est positif et valorisant.

À prendre en considération

- Il est important que cette séance se passe dans un climat de bienveillance, sans moquerie ni humiliation. Encouragez les participants à se soutenir.

    Montrer sa vulnérabilité n'est pas une chose aisée à l'adolescence. Votre rôle est de créer une dynamique, un climat suffisamment sécurisant pour que chacun puisse s'exprimer sans craindre le regard de l'autre.

    Avec un groupe dissipé, démarrez avec une séance de méditation d'une dizaine de minutes, dans un cadre strict. Le silence absolu est exigé, les yeux sont obligatoirement fermés, les corps sont statiques, chacun se concentre sur sa respiration, sur les sons extérieurs et sur votre voix.

- Les participants ayant de réelles difficultés à se trouver des qualités peuvent être aidés par les autres. C'est un choix qui peut être risqué : rien à dire sur un participant spécifique, commentaire inapproprié sur le physique, etc.
    Vous pouvez limiter ce risque en proposant à un participant de prendre la parole pour aider la personne en difficulté : « qui voudrait prendre la parole pour aider [prénom] à se trouver des qualités ? »
    Gardez en tête que l'enjeu de cette séance est de permettre aux participants de verbaliser à voix haute, devant les autres, une qualité qui leur est propre.

- Si vous pensez qu'un participant se trouve dans un état de souffrance psychologique, alertez les personnels de santé et d'action sociale. En cas de suspicion de maltraitance, n'hésitez jamais à effectuer une information préoccupante, même si vous n'avez pas l'aval de votre hiérarchie.

3e

5

Séance 5

Similarités et différences

STÉRÉOTYPES ET REPRÉSENTATIONS

⏱ 55 à 90 minutes

✋ Activité manuelle

Objectifs

➡ Prendre conscience de sa propre identité

➡ Savoir communiquer efficacement

➡ Avoir de l'empathie pour les autres

➡ Prévenir les stéréotypes de genre

Supports à prévoir

- Feuilles et feutres ou crayons.

Déroulé

1. Demandez aux participants de se mettre en binôme avec une personne de l'autre genre (si possible), qu'ils ne connaissent pas beaucoup.

2. Demandez aux binômes de se présenter l'un à l'autre en une minute.

3. Demandez-leur de se trouver dix différences dans des thématiques différentes, et dix points communs (identité, lieu de vie, structure familiale, goûts alimentaires, habitudes, loisirs, etc.)

4. Chaque participant doit ensuite dessiner le portrait de son binôme, en incluant dans le dessin des références à son identité, ses goûts, etc.
   Il est préférable que chaque participant ne voit pas son portait avant de passer à l'étape suivante.

5. Demandez à chaque participant de dessiner son autoportrait (en utilisant ou non un miroir), en incluant dans le dessin des références à son identité, ses goûts, etc.

6. Proposez ensuite à chaque participant de comparer ses deux portraits : comment je me vois, comment les autres me voient.

Pour aller plus loin, ouvrez la réflexion

Qu'est-ce que j'ai envie de montrer de moi ? Est-ce que ce que je souhaite montrer de moi me ressemble vraiment ?

À prendre en considération

- Si certains participants présentent une différence unique et notable (couleur de peau, handicap…), vous pouvez profiter de cette activité pour travailler sur cette différence, dans le cas où elle ferait déjà l'objet de commentaires ou de rejet entre adolescents, ou afin de prévenir toute forme de stigmatisation.

- Il n'est pas possible d'imposer le secret aux participants (exemple : « tout ce qui se dit ici doit rester entre nous »).
  Vous pouvez en revanche les sensibiliser à l'importance de respecter la vie privée de chacun et poser des règles permettant aux participants les plus prolixes de limiter leurs récits afin de ne pas trop dévoiler de leur intimité.

- La proposition de réflexion (texte en rouge) est une première étape vers une conversation plus globale sur l'identité publique de chacun et la vulnérabilité.

- Vous pouvez profiter de cette séance pour sensibiliser les participants à l'importance et à l'obligation morale et légale de protéger les adolescents qui leur révèleraient des situations de danger. Beaucoup d'adolescents victimes de maltraitances se confient à leurs amis. Ces derniers doivent être en mesure de prévenir les autorités (directement ou par l'intermédiaire d'un adulte de confiance).
  Soyez à l'écoute et sollicitez les personnels de santé et d'action sociale si nécessaire. En cas de suspicion de maltraitance, n'hésitez jamais à effectuer une information préoccupante, même si vous n'avez pas l'aval de votre hiérarchie.

3e

6

Séance 6

Intimité et réseaux sociaux

AFFIRMATION DE SOI ET ALTÉRITÉ

⏱ 55 à 90 minutes

💬 Discussion

Objectifs

➡ Avoir une pensée critique

➡ Discerner les espaces intimes et publics

➡ Savoir communiquer efficacement

➡ Porter un regard critique sur les contenus visionnés sur les réseaux sociaux

➡ Savoir résoudre les problèmes

➡ Savoir demander de l'aide

Supports à prévoir

- Feuilles et stylos.
- Livret « Les infractions sexuelles » disponible sur **violences-sexuelles.info**.
- Vidéos du site **violences-sexuelles.info** à télécharger sur **edsens.fr**.

✅ Consultez en fin d'ouvrage la fiche d'accompagnement « le numérique » pour vous aider à préparer cette séance.

✅ Consultez en fin d'ouvrage la fiche d'accompagnement « la pornographie » pour vous aider à préparer cette séance.

Déroulé

1. Demandez aux participants s'il leur arrive de se mettre en scène sur les réseaux sociaux, et le cas échéant, de décrire le type de contenu qu'ils produisent.

2. Demandez aux participants s'ils ont déjà réfléchi à ce qu'ils acceptent de révéler d'eux-mêmes, et ce qu'ils souhaitent garder pour eux : identité, adresse, image de leur domicile, image de leur corps, secrets, etc.
Proposez-leur de noter sur le recto d'une feuille tout ce qu'ils acceptent de révéler d'eux-mêmes sur les réseaux sociaux, de façon publique.
Au verso, demandez aux participants de noter tout ce qu'ils ne souhaitent pas révéler de leur intimité. Les réponses peuvent être extrêmement précises s'ils le souhaitent : « le prénom de mon petit frère », « porter un short qui révèle l'élastique de ma culotte », etc.

3. Proposez-leur de partager avec les autres les choses qu'ils ne souhaitent pas révéler, et d'expliquer pourquoi, les autres participants ayant la possibilité de donner leur avis de manière bienveillante et constructive.

> **Pour aller plus loin, ouvrez la réflexion**
>
> Est-ce que l'on peut se retrouver un peu piégé par les mentions « j'aime » ou le nombre de vues ? Est-ce que cela peut impacter le moral, ou l'image que l'on a de soi ?
>
> Est-ce que la célébrité rend heureux ?

4. Demandez-leur de vous citer des infractions sexuelles en lien avec le numérique.
Vous pouvez diffuser les vidéos correspondantes ou lire les définitions juridiques de ces infractions.

5. Demandez-leur s'ils savent à qui demander de l'aide si un jour ils ont des difficultés en lien avec le numérique. Présentez-leur le 3018.

À prendre en considération

- Si un participant laisse le recto de la feuille blanche, cela signifie qu'il n'est absolument pas présent sur les réseaux sociaux. En revanche, s'il a un profil secret, avec un identifiant anonyme, il notera sur la feuille quelque chose comme : « pseudo qui n'a aucun lien avec ma vraie identité ».

- Vous pouvez profiter de cette séance pour travailler les stéréotypes de genre en questionnant les différences de contenus ou les comportements jugés acceptables ou inacceptables en fonction du genre.

- Si le sujet est abordé, vous pouvez engager une conversation sur la pornographie.

- La proposition de réflexion (texte en rouge) est une première étape vers une conversation plus globale sur l'impact des réseaux sociaux sur la santé mentale des adolescents. Les statistiques montrent une hausse inquiétante des tentatives et suicides chez les jeunes, qui pourrait être en lien avec l'utilisation des outils numériques.

- Vous pouvez proposer aux participants de participer à une « détox » de groupe où chacun s'engagerait à ne pas utiliser son téléphone pendant une période de temps donnée.

- Si vous pensez qu'un participant est dans une situation inquiétante, alertez les personnels de santé et d'action sociale. En cas de suspicion de cyberharcèlement, n'hésitez jamais à effectuer une information préoccupante, même si vous n'avez pas l'aval de votre hiérarchie.

> Gratuit, anonyme et confidentiel, le 3018 est le numéro national d'aide pour les adolescents et les parents, pour toutes les questions liées aux usages numériques des jeunes.
>
> Le 3018 est accessible par téléphone 6 jours sur 7 de 9 heures à 20 heures, sur 3018.fr par tchat en direct, via Messenger et WhatsApp.

Vous trouverez plus d'informations sur ce service sur **e-enfance.org**.

3e

7

Séance 7

D'accord ?

AFFIRMATION DE SOI ET ALTÉRITÉ

⏱ 55 à 90 minutes

💬 Discussion

Objectifs

➡ Savoir prendre des décisions

➡ Avoir une pensée critique

➡ Savoir communiquer efficacement

➡ Être habile dans ses relations

➡ Avoir conscience de soi

➡ Avoir de l'empathie pour les autres

Supports à prévoir

- Préparez l'espace avec sept lignes au sol (voir schéma) tracées à la craie ou matérialisées par du ruban adhésif. Imprimez et fixez les panneaux indicatifs face à chaque ligne.

    Variante : imprimez six fiches de vote pour chaque participant (totalement d'accord, d'accord, un peu d'accord, pas tellement d'accord, pas d'accord, pas du tout d'accord).

Déroulé

Par groupe de six à douze, les participants sont invités à se déplacer sur des lignes au sol en fonction de leur avis sur un sujet donné. Ils proposent leur avis sur 3 sujets, puis un autre groupe passe et argumente sur trois nouveaux sujets, etc.

6. D'abord, les participants sont tous alignés sur la ligne centrale, les uns derrière les autres, face à vous.

7. Vous faites une déclaration, donnez une dizaine de secondes à chacun pour réfléchir, puis vous leur donnez le « top départ » pour se déplacer sur la ligne de leur choix en fonction de leur avis. Personne ne peut rester sur la ligne centrale.

8. Vous invitez les participants à expliquer leur choix. Ils peuvent se déplacer tout au long des échanges (durant leurs explications ou pendant celles des autres participants).

9. Une fois que chacun a pu donner son avis et se déplacer, les participants reviennent sur la ligne centrale pour se préparer à la déclaration suivante.

Propositions de déclarations *(plus de propositions en fin d'ouvrage)*

Je suis accro aux réseaux sociaux

Je m'intéresse à ce qu'il se passe dans le monde

Je suis trop stressé pour mon âge

J'aime mon apparence

C'est OK de coucher avec quelqu'un dont on ne connaît pas le prénom

C'est OK de sortir avec deux personnes en même temps

C'est OK de coucher avec quelqu'un en étant bourré

C'est OK d'insister pour coucher avec quelqu'un

C'est OK de faire la gueule quand ta ou ton partenaire refuse de coucher avec toi

C'est OK de faire l'amour sans capote si on se fait confiance

C'est OK de fouiller dans le portable de sa/son partenaire sans le lui dire

C'est OK de demander à sa/son ex de ne plus porter des vêtements trop sexy en soirée

On peut être en couple et ne jamais avoir de relation sexuelle

On peut avoir des relations sexuelles avec quelqu'un sans que ça n'engage à rien

À prendre en considération

- Cette séance permet de se confronter aux représentations, avis et arguments des autres participants, et de proposer les siens.

- Il est important que cette séance se passe dans un climat de bienveillance, sans moquerie ni humiliation. Encouragez les participants à se soutenir, à s'entraider.

- Il est préférable que chacun participe, mais si un thème est particulièrement sensible pour un participant, il est possible de ne pas donner son avis, de façon exceptionnelle.

- Si vous utilisez la variante par manque d'espace, tous les participants sont assis et donnent leur avis pour chaque déclaration et seuls quelques-uns argumenteront.

Schéma de disposition des lignes au sol :

● Vous   ● Participants

Disposition de la salle au moment d'une déclaration :

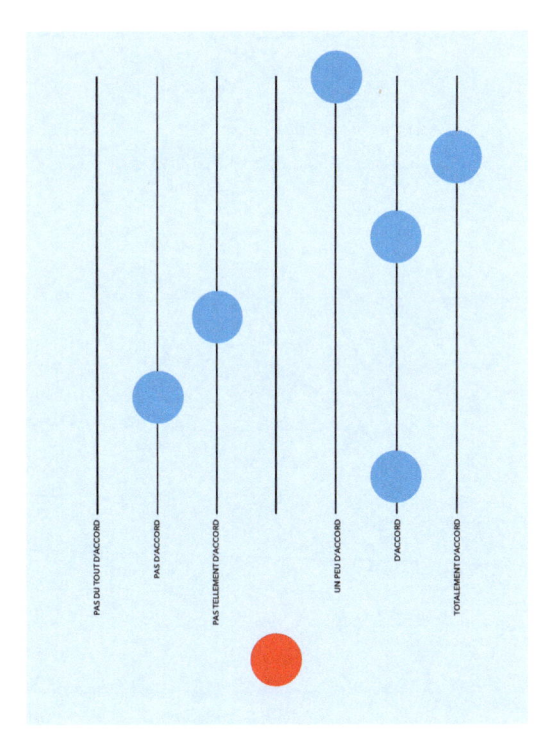

Exemple de disposition de la salle après une déclaration :

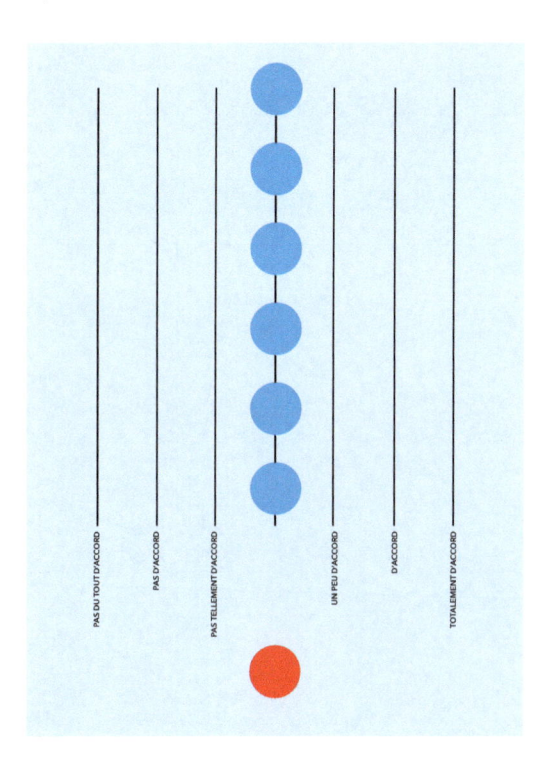

En face de chaque ligne, sur le mur derrière vous, fixez le panneau correspondant.

Notes

FICHE D'ACCOMPAGNEMENT

FICHE D'ACCOMPAGNEMENT

LES ÉMOTIONS, LES SENTIMENTS ET LES BESOINS

Savoir distinguer sensations, émotions et sentiments

- Les sensations, c'est ce que l'on ressent en premier, physiquement : agréable ou désagréable, chaud ou froid, doux ou rugueux…
- Les émotions, c'est ce qui vient ensuite. On compte habituellement 7 émotions : la joie, la colère, la peur, la tristesse, la surprise, la honte et le dégoût.
- Les sentiments, c'est la façon dont on ressent les évènements : bouleversé, fier, ému, confiant, soucieux, gêné, déçu, calme, satisfait, rassuré, intéressé, agacé…

La tristesse

Elle permet d'accepter la séparation ou la perte de quelqu'un ou de quelque chose.

La tristesse nous permet aussi d'apprendre la frustration.

L'amour

Il permet de se sentir moins seul en donnant envie de se rapprocher des autres.

Quand on se sent relié à quelqu'un, on peut se sentir plus fort.

La colère

Elle permet de s'indigner lorsqu'on est confronté à une situation qui nous semble inacceptable.

La colère nous permet de réagir quand on se sent blessé.

La honte

Elle permet de se conformer à des règles de vie en communauté et d'éviter de se sentir rejeté par les autres.

La honte permet aussi de nous empêcher de faire du mal aux autres.

La joie

Elle permet de se sentir connecté avec les autres personnes en nous donnant envie de partager un moment de plaisir.

La joie donne du sens à notre vie.

La peur

Elle permet de se protéger des dangers en nous faisant ressentir très fortement la présence d'un risque.

La peur assure notre protection.

Le dégoût

Il permet lui aussi de se protéger des dangers en nous faisant ressentir une sensation très désagréable : goût, odeur, mal-être…

Le dégoût, comme la peur, assure notre protection.

*Vous retrouverez certaines de ces informations et beaucoup d'autres dans le Cahier de bonheur (rien que) pour les ados, disponible sur **1vie.org**.*

Exemples de sentiments agréables

SÉRÉNITÉ
calme
serein
tranquille
détendu
apaisé
soulagé
sensible
absorbé
concentré
en confiance
satisfait
relaxé
centré
béat
zen
détaché
rassuré
comblé
confiant
ouvert
inspiré
rasséréné
centré
à l'aise
décontracté
confortable

AMOUR
amical
sensible
plein d'affection
empli de tendresse
plein d'appréciation
compatissant
reconnaissant
nourri

en expansion
ouvert
émerveillé
plein de gratitude
rafraîchi
libéré

JOIE
gai
heureux
léger
en expansion
excité
joyeux
frémissant de joie
de bonne humeur
satisfait
ravi
réjoui
plein de courage
reconnaissance
confiant
inspiré
soulagé
rassuré
touché
épanoui
gonflé à bloc
béat
hilare
transporté de joie
en effervescence
en extase

INTÉRÊT
curieux
intrigué

captivé
ébloui
bouleversé
éveillé
mobilisé à
passionné
fasciné
électrisé

SURPRISE
ébahi
étonné
surpris

GAITÉ
égayé
enjoué
plein d'énergie
revigoré
enthousiaste
plein d'entrain
rafraîchi
stimulé
d'humeur espiègle
plein de vie
vivifié
exubérant
étourdi
aventureux
émoustillé
pétillant
admiratif
alerte
amusé
attendri
attentif
aux anges

Exemples de sentiments désagréables

TRISTESSE
navré
peiné
mélancolique
sombre
découragé
désabusé
en détresse
déprimé
d'humeur noire
consterné
démoralisé
désespéré
dépité
seul
impuissant
sur la réserve
mécontent
malheureux
chagriné
cafardeux
blessé
abattu
débordé

FATIGUE
épuisé
inerte
léthargique
indifférent
ramolli
las
dépassé
impuissant
lourd
endormi
saturé
sans élan
rompu

DÉGOÛT
dégoûté
écœuré

PEUR
alarmé
apeuré
angoissé
anxieux
inquiet
effrayé
gêné
transi
tendu
sur ses gardes
bloqué
craintif
avec la trouille

TERREUR
ahuri
terrifié
horrifié
glacé de peur
paniqué
terrorisé
épouvanté
frappé de stupeur
engourdi

SURPRISE
stupéfait
perplexe
sidéré
choqué
effaré
abasourdi
ébahi
hésitant
démuni
désorienté

COLÈRE
en colère
enragé
exaspéré
agacé
contrarié
nerveux
irrité
qui en a marre
amer
plein de ressentiment
horripilé
crispé
ulcéré
excédé

FUREUR
furieux
hors de soi
enragé

CONFUSION
perplexe
hésitant
troublé
inconfortable
embrouillé
tiraillé
partagé
déchiré
embarrassé
embêté
mal à l'aise
frustré
méfiant
bloqué
agité

Exemples de besoins

SURVIE
abri
air, respiration
alimentation
évacuation
hydratation
lumière
repos
reproduction (survie espèce)
mouvement / exercice
rythme (respect du)

SÉCURITÉ
confiance
harmonie
paix
préservation (temps / énergie)
protection
réconfort
sécurité
soutien

LIBERTÉ
autonomie
indépendance
émancipation
libre arbitre (exercice de son)
spontanéité
souveraineté

RÉCRÉATION
défoulement / détente
jeu
récréation
ressourcement
rire

BESOINS RELATIONNELS
appartenance
attention
communion
compagnie
contact
empathie
intimité
partage
proximité
amour
chaleur humaine
délicatesse / tact
honnêteté / sincérité
respect

IDENTITÉ
cohérence / accord avec ses valeurs
affirmation de soi
appartenance identitaire
authenticité
confiance en soi
estime de soi / de l'autre
évolution
respect de soi / de l'autre
intégrité

PARTICIPATION
contribuer au bien être ou à l'épanouissement de soi / de l'autre
coopération
concentration
co-création
connexion
expression
interdépendance

ACCOMPLISSEMENT DE SOI
actualisation de ses potentialités
beauté
création
expression
inspiration
réalisation
choix de ses projets de vie / valeurs / opinions / rêves…
évolution / apprentissage
spiritualité

SENS
clarté
comprendre
discernement
orientation
signification
transcendance
unité
communion

CÉLÉBRATION
appréciation
contribution à la vie des autres / de la mienne
partage des joies / peines
prendre la mesure du deuil et de
la perte (occasion / affection / rêve)
ritualisation
reconnaissance / gratitude

FICHE D'ACCOMPAGNEMENT

FICHE D'ACCOMPAGNEMENT

LES TECHNIQUES DE GESTION DU STRESS

Imaginer le pire pour relativiser

Tu peux commencer par imaginer le pire. Si tu as peur de parler à quelqu'un ou de rater un examen, ferme les yeux et imagine la scène. Bouscule tes pensées pour imaginer ce qu'il pourrait arriver de pire, en restant réaliste (non, un tremblement de terre ou l'atterrissage d'une météorite ne viendra pas te sauver). Essaie de trouver des solutions pour chaque situation. Garde en tête que rien n'est vraiment grave. Au pire, tu te feras éjecter, ou l'autre personne se mettra en colère. Et alors ? Dans la vie, il arrive rarement des choses vraiment graves, relativise.

Respirer calmement

Ferme les yeux, pose tes mains sur ton ventre, et respire tout doucement, comme s'il y avait une bougie devant ta bouche et que tu ne devais pas l'éteindre. Concentre-toi sur ta respiration, puis écoute les sons. Tu entendras les bruits de dehors, les bruits de la pièce, et si tu te concentres bien, tu entendras peut-être les petits bruits du corps, que l'on n'entend pas habituellement.

Rire

Le rire est un bon moyen de soulager ses angoisses. Tu peux repenser à des fous rires ou regarder une vidéo d'un bêtisier de tournage d'un fil ou d'une série que tu aimes.

Et si rien de tout cela ne fonctionne, tu peux demander à des amis de te faire des grimaces.

Le point sur le mur

Quand tu te sens pris dans un flot d'émotions désagréables, tu peux trouver un point très précis sur le mur en face de toi (une petite tache de peinture, une poussière, ou n'importe quoi d'autre). Tu te concentres sur ce point et tu oublies tout le reste pendant quelques secondes ou quelques minutes.

Respirer fort

Allonge-toi par terre et ferme les yeux. Pose tes mains sur ton ventre, et inspire profondément par le nez. Retiens ta respiration pendant 4 secondes, puis expire lentement jusqu'à vider tes poumons. Recommence 4 fois.

La chanson préférée

Va dans un endroit calme et silencieux, puis écoute ta musique préférée en fermant les yeux. Si tu n'as pas d'appareil pour écouter ta chanson, tu peux aussi la fredonner ou la chanter.

Muscles contractés

Assieds-toi et contracte les muscles de tes bras pendant 5 secondes. Puis décontracte tout ton corps pendant 30 secondes. Recommence avec les muscles des jambes. Puis avec tous les muscles de ton corps.

Parler

Va voir un ami et demande-lui un moment d'attention, sans téléphone ou écran qui viendrait perturber la conversation. Raconte-lui ce que tu ressens, puis en remontant le fil du temps essaie de te souvenir de chaque évènement qui a causé un peu plus de stress et de confusion en toi.

Souvenir heureux

Ferme les yeux et essaie de te souvenir d'un moment où tu t'es senti vraiment bien.

Lieu préféré

Ferme les yeux et imagine que tu te trouves dans un lieu que tu aimes et dans lequel tu te sens bien. C'est peut-être une pièce, comme ta chambre, ou ton lit. C'est peut-être dehors, sur un banc ou sur une plage. Essaie de te souvenir de toutes les sensations : le vent sur ton visage, la chaleur sur ta peau, l'air qui entre dans tes narines…

Respiration carrée

Inspire pendant 4 secondes, retiens ta respiration pendant 4 secondes, expire pendant 4 secondes, garde tes poumons vides pendant 4 secondes. Recommence.

Le câlin

Serre très fort contre toi une personne que tu aimes, un petit frère ou une petite sœur, un ou une ami(e), au pire un coussin !

Le tableau des couleurs

Ferme les yeux, et imagine la couleur qui ressemble le plus à ce que tu ressens. Imagine ensuite la couleur de la sensation vers laquelle tu souhaiterais aller. Prends ensuite de la peinture imaginaire, et peins la couleur souhaitée par-dessus la couleur actuelle. Prends le temps de bien étaler la peinture dans tous les recoins de ton tableau imaginaire.

Danser

Dehors, ou dans une grande pièce, avec ou sans musique, balance-toi d'un côté puis de l'autre, tourne sur toi-même, balance ta tête, bouge tes jambes et danse lentement ou en sautant dans tous les sens.

Vous retrouverez certaines de ces informations et beaucoup d'autres dans le Cahier de bonheur (rien que) pour les ados, disponible sur **1vie.org**.

FICHE D'ACCOMPAGNEMENT

FICHE D'ACCOMPAGNEMENT

LA PUBERTÉ

L'âge d'apparition de la puberté et sa durée sont variables.

Durant la puberté, le corps passe de l'état d'enfant à celui d'adulte. La croissance s'accélère, les organes sexuels et le corps dans son ensemble évoluent, se développent et changent parfois de fonctionnement. L'adolescent est alors capable de se reproduire. À la fin de sa puberté, il aura presque atteint sa taille adulte.

Ces changements sont dus à un bouleversement hormonal. Les glandes endocrines, notamment les ovaires et les testicules, stimulés par des messages provenant du cerveau, produisent des hormones sexuelles, qui génèrent l'apparition de ces changements. Le corps se modifie et se développe (poids, morphologie et taille), les os et les muscles s'allongent.

Chez les jeunes filles, les ovaires commencent à produire des hormones féminines telles que les œstrogènes.

Le premier signe visible de la puberté est le développement des seins. Viennent ensuite la pilosité au niveau de la zone sexuelle et des aisselles et le changement d'apparence de la vulve. Cette dernière, dont les petites lèvres s'agrandissent, devient horizontale à cause de l'élargissement et de la bascule du bassin. Ensuite, un an après environ, les pertes blanches apparaissent, puis, dans les deux années suivant le début de développement des seins, les règles surviennent. Ces dernières sont souvent irrégulières au début et les premiers cycles ne comportent pas toujours d'ovulation. Puis les cycles deviennent habituellement de plus en plus réguliers (28 jours environ). Enfin, le bassin s'élargit et le tissu adipeux se développe et change de répartition. Les hanches, les fesses et le ventre deviennent plus arrondis. La puberté féminine commence en moyenne à 10 ans et demi (âge de l'apparition du bourgeon mammaire). Le développement complet des seins qui, après l'apparition des règles, signe la fin de la puberté, est acquis entre 12 et 14 ans.

Chez les garçons les testicules grossissent et augmentent leur production de testostérone.

C'est l'un des premiers signes visibles de la puberté chez les jeunes hommes. La pilosité sexuelle apparaît, le scrotum se pigmente et le pénis grandit. Les testicules commencent à grossir en moyenne à 11 ans et demi, ce qui signe le début de la puberté. La pilosité pubienne qui marque la fin de la puberté est en moyenne définitive à 15 ans, âge où le garçon devient fertile. Mais les changements continuent : la mue de la voix peut se faire jusqu'à 17 ou 18 ans et la pilosité faciale et thoracique ne sera complète que bien plus tard, parfois à 25 ou 35 ans.

Chez plus de la moitié des garçons, un accroissement du volume des seins se produit à la puberté entre 13 et 16 ans. C'est souvent inquiétant pour un garçon, mais cela persiste rarement au-delà d'un an, même si une toute petite glande mammaire palpable peut subsister chez un tiers des hommes adultes.

À la puberté, chez les filles comme chez les garçons, la transpiration au niveau des aisselles et de la zone sexuelle augmente, la pilosité dans ces mêmes zones apparaît. Sous l'effet de la testostérone, chez les garçons comme chez les filles, la peau devient plus grasse, et cela augmente le risque d'acné, fréquent à cet âge.

Ces transformations mettent du temps à apparaître. D'une personne à l'autre, elles peuvent varier, être plus ou moins visibles. La puberté est aussi le moment où la sexualité, les désirs, les attirances se réveillent. La masturbation, si elle est souhaitée, peut permettre d'être plus à l'aise avec son corps et avec celui de l'autre.

Pendant la puberté, des angoisses peuvent apparaître. Les modifications corporelles se produisant à la puberté peuvent influencer la personnalité de l'adolescent, ses émotions et ses pensées, avec très souvent des complexes physiques dus aux changements rapides dans son corps. Mais le plus grand changement psychologique de la puberté est l'apparition du désir sexuel, associé à des fantasmes et éventuellement des rêves érotiques. L'apparition du désir de grossesse est aussi très fréquente chez les filles. Cependant, la puberté ne signe pas l'entrée automatique dans la sexualité. Une fille peut avoir ses règles très jeune, et cela ne signifie pas pour autant qu'elle est prête à faire l'amour. Un garçon peut avoir des éjaculations très tôt, et cela ne signifie pas non plus qu'il est prêt à avoir des relations sexuelles. On peut avoir envie physiquement de rapports sexuels, et en même temps en avoir peur, et on peut même n'être pas certain d'en avoir vraiment envie. Parfois, on est prêt dans son corps et dans sa tête, mais pas avec son cœur, on ne trouve pas la bonne personne avec qui partager ça.

Voici les principales modifications physiologiques constatées durant la phase pubertaire :

CHEZ LES GARÇONS

Acné (peut apparaître)
Éjaculation possible
Muscles (augmentation du volume)
Peau et cheveux (plus gras)
Pénis (augmentation du volume)
Poils (aisselles, jambes, pubis, torse, visage)
Testicules (augmentation du volume)
Transpiration
Voix

CHEZ LES FILLES

Acné (peut apparaître)
Hanches (élargissement)
Menstruations
Peau et cheveux (plus gras)
Pertes blanches
Poils (aisselles, jambes, lèvre supérieure, pubis)
Poitrine (augmentation du volume)
Taille
Transpiration
Voix (changement)
Vulve (apparence)

Source : violences-sexuelles.info

Vous retrouverez certaines de ces informations et beaucoup d'autres dans le *Cahier de bonheur (rien que) pour les ados*, disponible sur **1vie.org**.

FICHE D'ACCOMPAGNEMENT

FICHE D'ACCOMPAGNEMENT

LES PREMIERS RAPPORTS SEXUELS

L'âge du premier rapport, stable depuis 10 ans

L'âge médian d'entrée dans la sexualité s'est stabilisé ces dix dernières années. Il est de 17,6 ans pour les filles et 17,0 ans pour les garçons, sans différence notable selon le milieu social. Si cet évènement est vécu approximativement au même âge, il reste encore très marqué par les questions de genre. Les filles s'initient plus souvent avec un partenaire plus âgé d'au moins deux ans (la moitié d'entre elles contre un cinquième des garçons) et qui a déjà eu des rapports sexuels.

Les jeunes hommes sont plus nombreux à débuter leur vie sexuelle avant 15 ans pour 16,5% des garçons contre 6,9% des filles. Les initiations dites tardives, à partir de 19 ans, concernent davantage les femmes (33,2%) que les hommes (23,1%). Ces deux indicateurs n'ont pas évolué dans les quatre dernières décennies.

Un premier rapport majoritairement souhaité, mais pas toujours

La grande majorité des moins de 30 ans déclare avoir souhaité ce premier rapport « à ce moment-là » : 87,6% pour les femmes contre 92,8% pour les hommes. Une femme sur 10 rapporte cependant avoir cédé aux attentes de son partenaire (contre 6,9% des hommes). 1,7% des femmes déclarent avoir été forcées à avoir ce rapport contre 0,3% pour les hommes. L'amour ou la tendresse est à l'origine de ce premier rapport pour plus de 1 femme sur 2, contre 1 homme sur 4. Le désir sexuel est le moteur pour 47 % des hommes contre 25,8% des femmes. Ces raisons sont les mêmes qu'il y a 10 ans : le registre affectif prédomine chez les femmes, le désir chez les hommes.

Des expériences avec des partenaires de même sexe plus souvent rapportées

Dès l'entrée dans la sexualité, les expériences des femmes et des hommes s'inscrivent dans une sexualité très majoritairement hétérosexuelle : seuls 1,0% des femmes et 3,2% des hommes déclarent s'être initiés avec un partenaire du même sexe. Dans la suite des parcours de vie, les expériences avec des partenaires de même sexe sont plus souvent rapportées, mais restent minoritaires. Ainsi, 8,0% des femmes et 4,9 % des hommes rapportent avoir déjà été attirés par une personne de même sexe et 5,6% des femmes et 4,2% des hommes ont déjà eu des rapports homosexuels. Cet écart pourrait en partie s'expliquer par une pression sociale restreignant des personnes souhaitant avoir des relations sexuelles homosexuelles.

Des violences sexuelles de plus en plus déclarées par les femmes

Les données du Baromètre santé 2016 montrent que 18,9% des femmes et 5,4% des hommes de 18-69 ans déclarent avoir déjà été confrontés à des tentatives ou à des rapports sexuels forcés. L'ampleur de ce phénomène est plus marquée en 2016 qu'en 2006 tant pour les femmes (18,9% contre 15,9%), que pour les hommes (5,4% contre 4,5%).

La première expérience de ces violences survient majoritairement avant 18 ans, dans 47,4% des cas pour les femmes et 60,2% pour les hommes. Chez les 15-17 ans, 8% des jeunes femmes déclarent avoir déjà été confrontées à des rapports forcés ou à des tentatives de rapports forcés contre 1% des jeunes hommes. Si la parole des femmes se libère autour des violences sexuelles, ce n'est pas encore le cas pour celle des hommes, qui sous-déclarent souvent les violences sexuelles dont ils ont été victimes, tant dans leur enfance ou adolescence qu'à l'âge adulte. La prévention est indispensable, notamment parce que ces violences subies ont un impact important sur la santé.

Source : violences-sexuelles.info

Le contenu de cette fiche est à jour au moment de l'édition de ce support. Nous vous invitons cependant à consulter les sources référencées sur le site edsens.fr pour accéder aux données les plus récentes.

FICHE D'ACCOMPAGNEMENT

FICHE D'ACCOMPAGNEMENT

LA MAJORITÉ SEXUELLE

En France, la notion de « majorité sexuelle » n'est pas une notion légale, elle n'est citée par aucune loi. Il persiste de nombreuses fausses idées à son propos.

On entend parfois parler de l'âge de 15 ans et 3 mois, parfois de 16 ans. On entend aussi parfois qu'il est interdit d'avoir des relations sexuelles avant un certain âge, ou alors seulement avec l'autorisation de ses parents. Faisons le point.

Il est interdit pour tout majeur d'avoir une relation sexuelle, quelle qu'elle soit, avec un mineur, si celui-ci a moins de 15 ans. Cette relation est également interdite avec un mineur qui a 15, 16 ou 17 ans, si le majeur a sur lui ce qu'on appelle une autorité de droit ou de fait, comme un parent, une enseignante, un animateur de colo, etc.

Dans toutes ces situations, c'est le majeur qui commet une infraction. Le mineur ne sera pas sanctionné. C'est lui que la loi protège.

En revanche, en l'absence d'autorité de droit ou de fait, une relation sexuelle consentie entre un majeur et un mineur qui a 15, 16 ou 17 ans est légale. C'est pour cette raison que l'on parle communément de « majorité sexuelle » à 15 ans.

Mais un mineur, jusqu'à ses 18 ans, reste sous la protection et l'autorité de ses parents ou de ses tuteurs, qui doivent assurer sa santé, sa sécurité, sa moralité, son éducation et son bon développement physique, affectif, intellectuel et social. Cette protection et cette autorité sont garanties par la loi et celui qui porte atteinte aux décisions prises par les parents ou les tuteurs peut être sanctionné pour le délit de soustraction de mineur.

Maintenant, si deux mineurs ayant à peu près le même âge ont une relation sexuelle ensemble, et qu'ils sont tous les deux d'accord pour avoir cette relation, la loi ne s'y oppose pas.

Mais pour toutes relations sexuelles, quel que soit l'âge des personnes impliquées, si l'une d'elles use de violence, de contrainte, de menace ou de surprise, pour imposer à l'autre une relation sexuelle, alors il s'agit toujours d'une agression sexuelle, voire d'un viol.

Source : violences-sexuelles.info
Le contenu de cette fiche est à jour au moment de l'édition de ce support. Nous vous invitons cependant à consulter les sources référencées sur le site edsens.fr pour accéder aux données les plus récentes.

FICHE D'ACCOMPAGNEMENT

FICHE D'ACCOMPAGNEMENT

LE GENRE, LES PRÉFÉRENCES SEXUELLES

Il parait complexe aujourd'hui de vouloir définir une sexualité « normale » ou encore une seule et unique façon de la pratiquer.

Depuis plusieurs années, les adolescents remettent en question les frontières balisées du genre, du couple, de la sexualité. Se disant bisexuels, pansexuels, polyamoureux, de genre neutre, transgenres, refusant des étiquettes, des fixations identitaires, ils font exploser la frontière entre garçon et fille, masculin et féminin, hétérosexualité et homosexualité.

Avec les avancées de la chirurgie esthétique et de la médecine, transformer son corps pour le rendre conforme à ses désirs est devenu possible.

En fait, chaque individu ressent sa sexualité comme il l'entend. Pour l'adolescent qui commence à s'intéresser à sa sexualité, il peut être compliqué de se repérer entre identité de genre, identité sexuelle et orientation sexuelle.

L'**identité de genre** est une façon de se ressentir femme ou homme. Le plus souvent, le sexe biologique coïncide avec ce ressenti. Pour d'autres, sexe génital et identité de genre ne correspondent pas. Des études sur le genre interrogent la manière dont chacun peut construire son identité sexuelle aussi bien à travers son éducation que son orientation sexuelle.

L'**identité sexuelle** est le sentiment d'appartenir à un genre (masculin, féminin…). La personne reconnaît qu'elle en possède les attributs physiques, psychologiques ou symboliques. L'identité ne détermine pas l'orientation sexuelle.

L'intersexuation entendue comme une variation affectant les organes génitaux concerne entre 0,05% et 1,7% des naissances[1] chaque année. Il faut distinguer intersexuation et identité de genre. La plupart des personnes intersexuées s'identifient comme femme ou comme homme.

L'orientation sexuelle est une attirance émotionnelle, affective et sexuelle qui peut porter sur des personnes du même sexe (homosexualité), de l'autre sexe (hétérosexualité) ou indistinctement l'un ou l'autre (bisexualité). Il est également possible de n'éprouver aucun goût pour quelque forme de sexualité que ce soit. On parle alors d'asexualité, qui diffère de l'abstinence. L'orientation sexuelle est l'expression d'un désir vers l'un, l'autre ou les deux sexes. Le désir peut parfois être fluctuant.

Ainsi, se sentir fille ou se sentir garçon est la conjugaison de critères biologiques renforcés par des normes sociales et des représentations personnelles. Cela est encore renforcé par l'éducation. C'est donc tout autant la façon dont on est perçu et dont on se perçoit ou donne à percevoir aux autres, volontairement ou pas.

Source : violences-sexuelles.info

---

[1] Haut-Commissariat des Nations unies aux droits de l'homme

FICHE D'ACCOMPAGNEMENT

FICHE D'ACCOMPAGNEMENT

LA PORNOGRAPHIE

La pornographie, si elle apporte aux adolescents des informations sur l'anatomie et les pratiques sexuelles, elle leur impose également un nombre important de faux-semblants :

- le corps des acteurs est souvent modifié par la chirurgie esthétique (visage, seins, pectoraux refaits, vulve[2], pénis[3], blanchiment anal…) ;

- les corps sont maquillés afin de dissimuler cicatrices, boutons ou plis naturels de la peau ;

- les positions des corps, qui ont pour seul objectif de proposer à la caméra le cadre montrant le mieux possible le sexe ou la pénétration (et des acteurs qui ne se caressent pas pour éviter de mettre leur bras devant l'objectif de la caméra) ;

- la durée des actes pendant le tournage, pouvant durer 40 à 60 minutes (pour des vidéos qui, une fois diffusées, durent 10 à 20 minutes), qui ne sont supportables que parce que les acteurs prennent une quantité importante de médicaments (antidouleurs pour les pénétrés, stimulateurs sexuels pour les pénétrants[4]) et parfois de drogues ;

- les actes en eux-mêmes, souvent violents, qui mettent les femmes en position d'objets violemment pénétrés et les hommes en position de machines à pénétrer.

Les modifications du corps des acteurs peuvent créer de nombreux complexes chez les adolescents, qui n'ont que ces images pour comparer leur propre corps ou celui de leurs partenaires avec ce qui peut leur sembler leur être une norme (les acteurs pornos) à laquelle il faudrait se conformer. La réalité des corps peut également éteindre le désir

---

[2] La labiaplastie, une opération très populaire depuis quelques années, consiste à la réduction par chirurgie esthétique des petites lèvres afin qu'elles ne dépassent pas des grandes lèvres.

[3] La pénoplastie vise à augmenter la taille de la verge, soit en longueur, soit en circonférence.

[4] Inhibiteurs de la phosphodiestérase, du type viagra, avec des conséquence terribles pour les acteurs qui deviennent parfois impuissants autour de 40 ans.

chez certaines personnes, n'arrivant pas à être excitées par des corps normaux, perçus comme « imparfaits ».

Les performances proposées peuvent également rendre les rapports sexuels plus compliqués, les jeunes ne pouvant pas toujours reproduire les actes visionnés ni dans leur position ni dans leur durée ou leur rythme.

Il est également démontré lors de travaux de recherches[5] que le visionnage régulier d'images porno éteint le désir et diminue la libido. L'excitation est si forte lors de la lecture de ces vidéos, qu'elle est difficilement atteignable lors d'actes sexuels vécus.

Une autre dimension est à prendre en compte : l'absence presque totale de concertation ou de refus dans les scénarios porno. Les personnages de ces fictions sont presque toujours d'accord pour participer aux actes (il n'en est pas toujours de même pour les acteurs, sur le tournage). L'absence de notion de consentement dans les scénarios n'aide pas les spectateurs a s'approprier la notion de frustration, pourtant essentielle dans une relation (sexuelle ou non) à deux. Si, dans le cadre d'un jeu de séduction, la mise en scène d'un refus feinté n'est pas en soi problématique, c'est la banalisation de ce scénario qui, à force de répétition et de standardisation, peut limiter la capacité d'un adolescent à évaluer le niveau de consentement d'un partenaire (si j'ai l'habitude que l'on me dise « non » en pensant « oui », alors comment savoir quand un « non » signifie vraiment « non » ?).

Lorsque le désir sexuel vient, il suffit de quelques clics et de quelques secondes pour accéder à son fantasme en images. Le spectateur désapprend alors la frustration, c'est-à-dire à la fois le fait de devoir attendre, de déplacer son désir dans le temps, et le fait de se confronter aux désirs et aux limites de l'autre, essentiels à l'existence d'une relation saine à deux.

Si l'on peut penser que l'impact négatif de la pornographie sera limité sur des adultes solides sur le plan psychique et consommateurs occasionnels, il n'en est pas de même pour des consommateurs réguliers, ou des adolescents en pleine construction. On peut supposer que l'effet sera même très préjudiciable chez des adolescents consommateurs assidus ou fragiles sur le plan psychique.

Source : violences-sexuelles.info

---

[5] O'Sullivan, L. et al., A Longitudinal Study of Problems in Sexual Functioning and Related Sexual Distress Among Middle to Late Adolescents (2016) ; Dubin, J et al., Erectile Dysfunction Among Male Adult Entertainers: A Survey (2018) ; Mykoniatis, I., Sexual Dysfunction Among Young Men: Overview of Dietary Components Associated With Erectile Dysfunction (2018) ; Weaver, J. et al., Mental and Physical Health Indicators and Sexually Explicit Media Use Behavior by Adults, 2011.

FICHE D'ACCOMPAGNEMENT

FICHE D'ACCOMPAGNEMENT

LA CONTRACEPTION, L'INTERRUPTION VOLONTAIRE DE GROSSESSE

Pour chaque période de la vie entre la puberté et la ménopause, il existe une contraception adaptée pour chacun, qui doit être mise en place dès les premiers rapports sexuels afin d'éviter une grossesse non désirée et la non-transmission des infections sexuellement transmissibles.

Il existe des moyens techniques et des moyens chimiques, sur prescription médicale (en raison d'éventuelles contre-indications) :

- les pilules contraceptives

- le patch

- le dispositif intra-utérin (en cuivre ou hormonal)

- l'implant

- l'anneau

- les injections de Depo-Provera

- la stérilisation (définitive, féminine et masculine, accessible aux majeurs)

D'autres moyens sont en vente libre et très accessibles, en pharmacie ou en grande surface :

- le préservatif masculin

- le préservatif féminin

Dans les Centres de Planification et d'Éducation Familiale, les rendez-vous et la délivrance de la contraception sont gratuits pour les mineurs, filles et garçons.

L'aide au choix contraceptif peut se faire par une conseillère conjugale et familiale, en Centre de Planification et d'Éducation Familiale ou encore auprès du gynécologue, du médecin généraliste, d'une sage-femme ou de l'infirmier scolaire. Le rôle des professionnels est d'informer la femme ou le couple afin de faciliter le choix du type de contraception.

Il existe également une contraception d'urgence, qui retarde l'ovulation, mais ne remplace pas une contraception régulière, car elle n'est pas toujours efficace. Plus elle est prise tôt après les rapports non protégés, meilleure sera son efficacité.

Le Lévonorgestrel est accessible sans ordonnance en pharmacie, dans les infirmeries scolaires, en centre de planification. Il est gratuit pour les mineures, remboursé en cas de prescription médicale. Il faut le prendre le plus tôt possible et jusqu'à trois jours après le rapport sexuel sans protection ou mal protégé (oubli de pilule, préservatif craqué ou mis trop tard).

L'Ullipristal est disponible sans ordonnance pour les mineures, utilisable jusqu'à cinq jours après le rapport sexuel.

Le dispositif intra-utérin en cuivre est également une contraception d'urgence, accessible en Centre de Planification et d'Éducation Familiale, accessible jusqu'à cinq jours après le rapport sexuel.

En cas d'absence des règles à la date prévue, il est conseillé de faire un test de grossesse urinaire accessible en pharmacie et en grande surface, ou un test sanguin, sur prescription médicale.

Dans le cas d'une interruption volontaire de grossesse (IVG), pour une mineure, un entretien psychosocial avec une conseillère conjugale et familiale, une psychologue ou une assistante sociale est obligatoire.

La mineure y recevra les informations sur le parcours de l'IVG et la mise en place d'une la contraception. Suite à cette première consultation, un rendez-vous médical permettra de choisir la date et la méthode d'IVG utilisée.

Tout au long de ce processus, l'anonymat peut être garanti pour les mineures, qui doivent cependant être accompagnées d'une personne majeure de leur choix.

Pour l'interruption, trois méthodes sont envisageables :

- médicamenteuse, qui va déclencher une fausse couche à domicile ou en hospitalisation ;

- par aspiration sous anesthésie locale,

- par aspiration sous anesthésie générale.

Suite à l'IVG, une consultation médicale est systématiquement proposée afin de s'assurer de l'absence de complication et d'aborder à nouveau la contraception.

Source : violences-sexuelles.info

Le contenu de cette fiche est à jour au moment de l'édition de ce support. Nous vous invitons cependant à consulter les sources référencées sur le site **edsens.fr** pour accéder aux données les plus récentes.

FICHE D'ACCOMPAGNEMENT

FICHE D'ACCOMPAGNEMENT

LES INFECTIONS SEXUELLEMENT TRANSMISSIBLES

Les infections sexuellement transmissibles (IST) sont des infections dues à des bactéries, virus et parasites et transmises par voie sexuelle. Elles sont favorisées par les relations sexuelles non protégées, le fait de multiplier les partenaires ou encore la précarité.

Les symptômes des IST peuvent être génitaux démangeaisons, rougeurs, pertes vaginales, saignements entre les règles, douleurs testiculaires ou du rectum et de l'anus, signes cutanés (syphilis, sida, herpès…), infections pulmonaires, infections cérébrales (sida…), douleurs abdominales, fièvre. Sans prise en charge, l'évolution des IST peut être fatale et nécessite une consultation médicale rapide.

Il en existe plus d'une trentaine. Les huit plus fréquentes sont :

- Les chlamydioses, dues à une bactérie, susceptible de provoquer une infection uro-génitale ou une infection ano-rectale chez l'homme ;

- L'infection par les papillomavirus humains (HPV), des virus qui se transmettent très facilement, quelle que soit la sexualité : hétérosexuelle, homosexuelle, bisexuelle, transgenre (LGBT) ;

- L'hépatite B, provoquée par un virus très contagieux (VHB), qui atteint essentiellement le foie ;

- L'herpès génital, causé par deux types de virus (HSV) responsable de différentes formes d'infections herpétiques, l'un sur la partie supérieure du corps (herpès labial, bouton de fièvre, herpès oculaire, etc.), l'autre sur la zone génitale (herpès génital) ;

- La gonococcie ou infection à gonocoque, qui se traduit chez l'homme par une inflammation de la zone génitale ;

- La syphilis, due à une bactérie (le tréponème pâle), très contagieuse ;

- Les infections par des mycoplasmes (bactérie) et la trichomonase (parasite) ;

- Le virus de l'immunodéficience humaine (VIH), qui s'attaque aux cellules du système immunitaire.

Pour prévenir leur survenue, il est utile d'utiliser des préservatifs, de ne pas prendre de drogues injectables et d'éviter d'avoir plusieurs partenaires simultanément.

Il existe également un vaccin pour se prémunir du papillomavirus.

Selon la nature de l'infection sexuellement transmissible, le traitement est variable. Il repose globalement sur le traitement du partenaire (même s'il ne présente aucun signe) et sur la prise de médicaments par voie locale ou générale (antibiotiques, antimycosiques, antiviraux, antiparasitaires). Certaines IST guérissent très bien une fois traitées.

Source : violences-sexuelles.info

Le contenu de cette fiche est à jour au moment de l'édition de ce support. Nous vous invitons cependant à consulter les sources référencées sur le site edsens.fr pour accéder aux données les plus récentes.

FICHE D'ACCOMPAGNEMENT

FICHE D'ACCOMPAGNEMENT

LE MICHETONNAGE

Le « michetonnage » est un terme souvent utilisé par les adolescents pour parler d'une conduite prostitutionnelle. Le terme est un dérivé de « micheton » qui signifie « un homme facile à duper ». Cette expression est aujourd'hui reprise par beaucoup d'acteurs, notamment les professionnels de l'enfance, pour désigner un véritable phénomène sociétal.

Le « michetonnage » concerne majoritairement des jeunes filles (mais peut également concerner des garçons), mineures ou majeures, des « michetonneuses », qui entretiennent des rapports romantiques (ou vécus comme romantiques) et sexuels avec des hommes, des « michetons » (ou « pigeons »), uniquement dans le but d'obtenir d'eux des faveurs financières et matérielles. Lorsqu'il ne s'agit pas de sommes d'argent, les biens échangés peuvent être de différentes natures : consommations, logement, vêtements, sacs, téléphones, sorties, etc.

Bien que ce ne soit pas toujours le cas, la plupart des « michetonneuses » sont des adolescentes issues de quartiers modestes. Elles disposent d'un niveau de vie décent, mais souhaitent accéder à un pouvoir d'achat leur permettant d'obtenir tous les attributs matériels valorisants afin d'accéder à un meilleur statut social.

Beaucoup de ces jeunes filles se sentent exclues de la société, citoyennes « de seconde zone », et rêvent de mener une vie de célébrité, qu'elles ont l'habitude de voir sur les réseaux sociaux ou dans les émissions de télé-réalité. Le statut de la michetonneuse est souvent valorisé par ses pairs, qui y voit une forme de réussite sociale.

Beaucoup des jeunes filles engagées dans ces pratiques ont connu des violences ou une première expérience sexuelle ratée, nourrissant à la fois un rapport distant avec leur intimité, et une forme de revanche envers les hommes, dont elles souhaitent profiter.

Certaines « michetonneuses » s'engagent d'elles-mêmes dans ces conduites prostitutionnelles, pensant pouvoir conserver une position dominante dans leurs relations. Elles sont parfois convaincues par des copines déjà engagées dans des relations de ce type. Elles peuvent également être séduites par des jeunes hommes (dits loverboys), qui les séduisent puis les exploitent.

Après quelque temps, une partie de ces jeunes filles se retrouvent contraintes à effectuer des pratiques qu'elles n'avaient pas envisagées initialement, parfois violentées, ou engagées dans de véritables réseaux de prostitution (qui relèvent de la traite d'êtres humains). Les risques sont nombreux, et peuvent avoir de très lourdes conséquences sur la vie des adolescentes engagées dans des pratiques prostitutionnelles : violences physiques, sexuelles, psychologiques, infections sexuelles transmissibles, etc.

L'une des issues pour ces jeunes filles est de devenir elles-mêmes proxénètes, cherchant à recruter d'autres filles afin de toucher une commission sur les relations tarifées.

Si certaines jeunes filles comprennent vite les risques encourus, et abandonnent rapidement ces pratiques, d'autres n'y parviennent pas.

Différents supports offrent aux professionnels des conseils et des solutions pour aider les adolescents engagés dans des pratiques prostitutionnelles, notamment le guide « Prévenir le « michetonnage » chez les ados : comprendre le phénomène pour repérer et agir » créé par l'association Charonne et la mission métropolitaine de prévention des conduites à risque. Le site internet de l'association ACPE est également une ressource très utile.

Quel risque légal pour la « michetonneuse » ?

En France, le michetonnage relève de la prostitution, qui n'est pas illégale en tant que telle. En revanche, le recours à la prostitution, le proxénétisme et la mise à disposition de lieux de prostitution le sont. Aujourd'hui, en France, la loi et la société les considèrent comme des victimes du micheton, du proxénète, et plus largement du système prostitutionnel.

Quel risque légal pour les « michetons » ?

Le fait de solliciter, d'accepter ou d'obtenir des relations de nature sexuelle d'une personne qui se livre à la prostitution, y compris de façon occasionnelle, en échange d'une rémunération, d'une promesse de rémunération, de la fourniture d'un avantage en nature ou de la promesse d'un tel avantage est une contravention. Commis en récidive, cela devient un délit.

La peine est de 5 ans d'emprisonnement et de 75 000 euros d'amende lorsque la personne se livrant à la prostitution est un mineur ayant entre 15, 16 ou 17 ans inclus. La peine est portée à 7 ans d'emprisonnement et 100 000 euros d'amende lorsqu'il s'agir d'un mineur de moins de 15 ans (ayant entre 0 et 14 ans inclus). Si le client ou le « micheton » est un majeur, alors il pourra être condamné pour viol ou pour agression sexuelle autre que le viol, l'infraction étant aggravée par l'âge de la victime.

Quel risque légal pour les « michetonneuses » qui invitent leurs paires à s'engager des pratiques similaires ?

Le proxénétisme est illégal. C'est le fait, par quiconque, de quelque manière que ce soit d'aider, d'assister ou de protéger la prostitution d'autrui, d'en tirer profit, d'en partager les produits ou de recevoir des subsides d'une personne se livrant habituellement à la prostitution. Est également interdit le fait de mettre à disposition, de détenir, gérer, exploiter, diriger, faire fonctionner, financer ou contribuer à financer un établissement de prostitution, ou tout autre établissement, véhicule, emplacement public ou privé où des personnes se livrent à la prostitution ou y cherchent des clients.

Le proxénétisme est puni de 10 ans d'emprisonnement et de 1 500 000 euros d'amende lorsqu'il est commis à l'égard d'un mineur, puni de 20 ans de réclusion criminelle et de 3 000 000 euros d'amende lorsqu'il est commis à l'égard d'un mineur de moins de 15 ans, et puni de 20 ans de réclusion criminelle et de 3 000 000 euros d'amende lorsqu'il est commis en bande organisée (réseau de prostitution et traite d'êtres humains).

Source : violences-sexuelles.info

Le contenu de cette fiche est à jour au moment de l'édition de ce support. Nous vous invitons cependant à consulter les sources référencées sur le site **edsens.fr** pour accéder aux données les plus récentes.

FICHE D'ACCOMPAGNEMENT

FICHE D'ACCOMPAGNEMENT

LES INFRACTIONS SEXUELLES

La notion d'infractions sexuelles englobe toutes les infractions qui ont un caractère sexuel, soit qu'elles visent à porter atteinte à la liberté sexuelle de la victime, soit qu'elles aient une simple connotation sexuelle.

Une infraction est un comportement que la loi interdit ou sanctionne.

Les infractions sont réparties par seuil de gravité entre les contraventions, les délits et les crimes.

Dans le Code pénal français, l'infraction sexuelle la plus lourdement condamnée est le viol. Ce crime se définit comme étant tout acte de pénétration sexuelle, de quelque nature qu'il soit, ou tout acte bucco-génital, commis sur la personne d'autrui ou sur la personne de l'auteur par violence, contrainte, menace ou surprise.

De tels actes constituent également un viol s'ils sont commis par un majeur sur un mineur qui a moins de 15 ans s'ils ont une différence d'âge supérieure à 5 ans ou si cette relation à un caractère prostitutionnel.

Enfin, il s'agira également d'un viol si ces actes sont commis par un majeur sur un mineur ayant 15, 16 ou 17 ans, avec qui il a certains liens familiaux. Il peut être puni jusqu'à 15 ans de réclusion criminelle, voire, en cas de circonstances aggravantes, jusqu'à 20 ans, 30 ans, ou à la perpétuité.

Lorsqu'une relation sexuelle, quelle qu'elle soit, sans pénétration sexuelle ni acte bucco-génital, est imposée à une victime par violence, contrainte, menace ou surprise, ou par un majeur à un mineur dans les mêmes conditions que celles qui viennent d'être exposées, il s'agira alors d'une agression sexuelle autre que le viol, qui sera punie jusqu'à 5 ans d'emprisonnement et 75 000 € d'amende, voire 10 ans d'emprisonnement et 150 000 € d'amende selon les circonstances aggravantes.

D'autres délits sexuels portant atteinte à la liberté sexuelle existent : le harcèlement sexuel et l'exhibition sexuelle.

Le Code pénal prévoit également des infractions de mise en péril des mineurs qui visent à garantir l'autorité des parents sur leurs enfants et à protéger les plus jeunes dans leur santé, leur sécurité, leur moralité, leur éducation et leur développement physique, affectif, intellectuel et social. Parmi les différents comportements prohibés par ces infractions, il est notamment interdit à tout majeur d'avoir une relation sexuelle de toute nature avec un mineur qui a moins de 15 ans, même en l'absence de violence, contrainte, menace ou surprise et même s'ils ont moins de 5 ans d'écart. Si ce mineur a 15, 16 ou 17 ans, la loi interdit également à toute personne qui a sur lui une autorité de droit ou de fait d'avoir ce type de relation. Ces infractions sanctionnent également certaines propositions sexuelles, le fait de transmettre du contenu pornographique, de provoquer l'excitation sexuelle d'un mineur même en dehors de la satisfaction de son propre plaisir, ou encore de soustraire un mineur de l'autorité de ses parents.

Les actes liés à la pédopornographie, qu'il s'agisse de la création, de la détention, de la consultation, de la transmission ou de la sollicitation d'images ou de représentations à caractère sexuel d'un mineur sont eux aussi prohibés de manière très large tant pour les auteurs qui peuvent être majeurs, mineurs, et même concerner celui qui diffuse volontairement sa propre nudité. Sont concernées les photos, les vidéos, mais aussi les dessins, les poupées, etc., de mineurs réels, mais également de mineurs imaginaires.

Enfin, peuvent compter au titre des infractions sexuelles les atteintes à la vie privée (que sont le voyeurisme, l'enregistrement, la captation et la transmission d'images ou de paroles à caractère sexuel d'une personne sans son consentement, y compris les situations de revenge porn), ainsi que les délits et les crimes liés à la prostitution et au proxénétisme.

Si vous souhaitez plus d'information, vous pouvez télécharger le guide « Les infractions sexuelles » sur le site violences-sexuelles.info. Il vous donne également des informations sur l'irresponsabilité, la prescription de l'action publique et la récidive légale.

Source : violences-sexuelles.info

Le contenu de cette fiche est à jour au moment de l'édition de ce support. Nous vous invitons cependant à consulter les sources référencées sur le site edsens.fr pour accéder aux données les plus récentes.

PROPOSITIONS DE DÉCLARATIONS

PROPOSITIONS DE DÉCLARATIONS

SÉANCES 7 : D'ACCORD ?

- C'est honteux qu'un homme gagne moins que sa femme
- C'est le rôle des hommes de protéger les femmes et les enfants
- C'est OK d'avoir sa première relation sexuelle avec quelqu'un dont on n'est pas amoureux
- C'est OK d'exiger de sa/son partenaire de savoir où elle/il est
- C'est OK d'insister pour coucher avec quelqu'un
- C'est OK de baisser le maillot de bain d'un pote pour rigoler
- C'est OK de casser par texto
- C'est OK de coucher avec quelqu'un dont on ne connaît pas le prénom
- C'est OK de coucher avec quelqu'un en étant bourré
- C'est OK de demander à sa/son ex de ne plus porter des vêtements trop sexy en soirée
- C'est OK de demander à sa/son partenaire de ne plus avoir de contact avec son ex
- C'est OK de dormir dans le même lit que sa/son meilleur(e) ami(e)
- C'est OK de faire l'amour sans capote si on se fait confiance
- C'est OK de faire la gueule quand ta ou ton partenaire refuse de coucher avec toi
- C'est OK de fouiller dans le portable de sa/son partenaire sans le lui dire
- C'est OK de manger de la viande
- C'est OK de mettre une main aux fesses pour rigoler
- C'est OK de refuser de rencontrer les parents de sa ou son partenaire
- C'est OK de rester ami avec son ex

- C'est OK de se marier sans avoir jamais eu de relation sexuelle
- C'est OK de sortir avec deux personnes en même temps
- C'est OK de sortir avec le frère ou la sœur de sa ou son meilleur ami
- C'est OK de sortir avec quelqu'un qui a le double de son âge
- C'est OK de sortir avec sa cousine/son cousin
- C'est OK de tromper sa/son partenaire si elle ou il ne l'apprend jamais
- C'est OK de venir au collège maquillé(e)
- C'est plus le rôle des femmes que celui des hommes de prendre soin des enfants
- Il est plus facile d'être un homme que d'être une femme
- J'aime mon apparence
- Je dors assez
- Je m'intéresse à ce qu'il se passe dans le monde
- Je m'inquiète pour l'avenir de la planète
- Je m'inquiète pour mon futur
- Je me sens assez mature pour avoir un bébé
- Je me trouve mature pour mon âge
- Je passe trop de temps à regarder des vidéos
- Je pense qu'il faudrait interdire l'avortement
- Je pense qu'une femme qui ne fait pas d'enfant ne peut pas être accomplie
- Je pense que les hommes ne devraient pas pouvoir s'occuper d'enfants
- Je pense que les personnes homosexuelles ne devraient pas pouvoir adopter
- Je pense que les personnes homosexuelles ne devraient pas pouvoir se marier
- Je regarde trop de séries
- Je suis accro aux réseaux sociaux

- Je suis bien avec mon corps
- Je suis bien avec mon genre de naissance (fille/garçon)
- Je suis trop stressé pour mon âge
- L'amitié est possible entre un garçon et une fille
- L'argent fait le bonheur
- Les adolescents d'aujourd'hui ont plus d'influence que les générations précédentes
- Les adultes d'aujourd'hui sont stricts
- Les enfants d'aujourd'hui en savent trop sur la sexualité
- Les enfants d'aujourd'hui ont moins de libertés que ceux d'avant
- Les filles et les garçons doivent être éduqués différemment
- Les filles sont plus matures que les garçons
- Les gens qui maltraitent les enfants devraient être condamnés à mort
- Les personnes devraient pouvoir changer de genre (fille/garçon) quand ils le souhaitent
- On devrait toujours croire quelqu'un qui dit être victime de quelque chose
- On devrait toujours vérifier l'âge qu'une personne a plus de 18 ans avant de lui donner accès à du porno
- On peut avoir des relations sexuelles avec quelqu'un sans que ça n'engage à rien
- On peut être en couple et ne jamais avoir de relation sexuelle
- Une fille qui s'habille en mini-jupe, c'est qu'elle cherche à exciter les garçons

Les ressources pédagogiques

Vous trouverez une sélection de ressources, mise à jour régulièrement, ainsi que les informations permettant l'achat ou le téléchargement de ces ressources sur notre site internet.

Rendez-vous sur **edsens.fr**

Les crédits et partenaires

Ce support est proposé par Bonheur.fr, qui regroupe les différents programmes EdSens®, EdSex® et SensoPrev®. Le site internet regroupe de nombreuses ressources dédiées à la thématique de l'éducation à la vie affective, à la sensibilisation et la prévention des violences sexuelles et sexistes.

➤ **bonheur.fr**

Ce support est édité avec le soutien de l'Association Une Vie®, engagée dans la promotion du respect entre les êtres et l'épanouissement de l'individu et du collectif, en diffusant notamment des supports en vue de la protection des enfants face au risque de violences sexuelles.

C'est une association française d'intérêt général, laïque, apolitique, qui distribue des contenus de prévention sur toute la planète, dans plus de 30 langues.

➤ **1vie.org**

– À propos de l'auteur

Sébastien Brochot est le président-fondateur de l'Association Une Vie (**1vie.org**), active dans la protection de l'enfance face aux risques de violences sexuelles. Il est l'auteur de nombreuses campagnes de prévention, comme **Consentement.info** (+4 millions de vues sur les réseaux sociaux) ou **PedoHelp**® (distingué par le Conseil de l'Europe).

Il a intégré en 2018 l'équipe du **CRIAVS Île-de-France** (Hôpitaux de Saint-Maurice), un service public spécialisé dans les violences sexuelles, au sein duquel il développe le média francophone de référence **Violences-Sexuelles.info** dans le but de diffuser une information claire et fiable sur le sujet. Au sein de ce centre ressources, il forme et accompagne tout au long de l'année des professionnels de nombreux champs professionnels (santé, justice, social, éducation, forces de l'ordre, public associatif…).

Il est l'auteur de plusieurs ouvrages de développement personnel, de prévention des violences sexuelles, et de supports d'éducation à la vie affective.

➤ **sebastienbrochot.com**

Sébastien Brochot © 2022.
Tous droits réservés. Toute reproduction interdite sans l'autorisation explicite de l'auteur.
EdSens® est une marque déposée, tous droits réservés.

Responsable de publication : Sébastien Brochot, membre de la SACD.
Ouvrage bénéficiant d'une protection au titre de la propriété intellectuelle et du droit d'auteur.

Programme **EdSens**

28 séances d'éducation et sensibilisation à la vie affective au **COLLÈGE**

Cet ouvrage propose des séances « clé en main » d'éducation à la vie affective destinées à un public d'adolescents au collège : Sixième (6e), Cinquième (5e), Quatrième (4e), Troisième (3e).

Pour chaque niveau, 7 séances sont proposées, sur 5 thématiques : intelligence émotionnelle, stéréotypes et représentations, connaissances, affirmation de soi et altérité, compréhension de la loi.

Les supports des séances sont inclus dans ce livret ou disponibles au téléchargement.

Un **Cahier de l'intervenant au collège et au lycée** complète cet ouvrage.

Sébastien Brochot © 2022. Tous droits réservés. EdSens® est une marque déposée.

bonheur.fr

SUPPORTS

⚠️

Les supports proposés ici sont téléchargeables sur **edsens.fr**.

CODE DE TÉLÉCHARGEMENT :

M7tHR*9g

TOTALEMENT D'ACCCORD

6e 7 / 5e 7 / 4e 7 / 3e 7   (à fixer face à la ligne correspondante)

D'ACCORD

UN PEU D'ACCCORD

6e 7 / 5e 7 / 4e 7 / 3e 7   (à fixer face à la ligne correspondante)

PAS TELLEMENT D'ACCCORD

6e 7 / 5e 7 / 4e 7 / 3e 7 (à fixer face à la ligne correspondante)

PAS D'ACCORD

6e 7 / 5e 7 / 4e 7 / 3e 7   (à fixer face à la ligne correspondante)

PAS DU TOUT D'ACCCORD

6e 7 / 5e 7 / 4e 7 / 3e 7 (à fixer face à la ligne correspondante)

TOTALEMENT D'ACCORD

D'ACCORD

UN PEU D'ACCORD

PAS TELLEMENT D'ACCORD

PAS D'ACCORD

PAS DU TOUT D'ACCORD

?

Vous vous posez des questions sur les relations amoureuses, **la sexualité**, la puberté, la contraception, les infections sexuellement transmissibles, etc. ?

Déposez-les ici, nous y répondrons lors d'une prochaine séance.

ALEX PEUT ÊTRE UNE FILLE OU UN GARÇON.
SAM PEUT ÊTRE UNE FILLE OU UN GARÇON.

ALEX EST AMOUREUSE/AMOUREUX DE SAM.

SAM NE L'AIME PAS DU TOUT.

ALEX DEMANDE À SAM DE SORTIR AVEC ELLE/LUI.

ALEX PEUT ÊTRE UNE FILLE OU UN GARÇON.
SAM PEUT ÊTRE UNE FILLE OU UN GARÇON.

ALEX SORT AVEC SAM DEPUIS UNE SEMAINE.

ALEX N'A PLUS ENVIE DE SORTIR AVEC SAM, ET DOIT LUI DIRE.

ALEX PEUT ÊTRE UNE FILLE OU UN GARÇON.
SAM PEUT ÊTRE UNE FILLE OU UN GARÇON.

ALEX ET SAM SONT MEILLEUR(E)S AMI(E)S.

SAM EST AMOUREUSE/AMOUREUX DU FRÈRE OU DE LA SŒUR D'ALEX.

ELLE/IL DOIT L'ANNONCER À ALEX.

ALEX PEUT ÊTRE UNE FILLE OU UN GARÇON.
SAM PEUT ÊTRE UNE FILLE OU UN GARÇON.

ALEX ET SAM SONT MEILLEUR(E)S AMI(E)S.

ALEX EST SECRÈTEMENT AMOUREUSE/AMOUREUX DE SAM.

ALEX DÉCIDE DE LE DIRE À SAM.

ALEX PEUT ÊTRE UNE FILLE OU UN GARÇON.
SAM PEUT ÊTRE UNE FILLE OU UN GARÇON.

ALEX ET SAM SONT AMOUREUSES/AMOUREUX DEPUIS LA MATERNELLE.

ILS SORTENT ENSEMBLE DEPUIS LONGTEMPS.

SAM SE REND COMPTE QU'ELLE/IL N'EST PLUS AMOUREUSE/AMOUREUX D'ALEX, ET DOIT LE LUI DIRE.

ALEX PEUT ÊTRE UNE FILLE OU UN GARÇON.
SAM PEUT ÊTRE UNE FILLE OU UN GARÇON.

ALEX ET SAM SE SONT EMBRASSÉ(E)S À L'ANNIVERSAIRE D'UN AMI COMMUN.

ALEX SE DEMANDE SI ELLES/ILS SORTENT OFFICIELLEMENT ENSEMBLE, ET NE SAIT PAS COMMENT LE LUI DEMANDER.

ALEX PEUT ÊTRE UNE FILLE OU UN GARÇON.
SAM PEUT ÊTRE UNE FILLE OU UN GARÇON.

ALEX EST LE GRAND FRÈRE OU LA GRANDE SŒUR DE MANU, MEILLEUR(E) AMI(E) DE SAM. ELLE/IL A 5 ANS DE PLUS QUE SAM ET MANU.

ALEX DEMANDE À SAM DE SORTIR AVEC ELLE/LUI, EN ÉTANT TRÈS INSISTANT(E).

SAM EST TRÈS IMPRESSIONNÉ(E), MAIS N'A PAS ENVIE DE SORTIR AVEC ALEX.

ALEX PEUT ÊTRE UNE FILLE OU UN GARÇON.
SAM PEUT ÊTRE UNE FILLE OU UN GARÇON.

SAM ET ALEX SORTENT ENSEMBLE DEPUIS TROIS MOIS ET SONT AMOUREUSES/AMOUREUX.

SAM A ENVIE D'AVOIR DES RELATIONS SEXUELLES AVEC ALEX.

ALEX NE SE SENT PAS PRÊT(E) ET DOIT LE LUI DIRE.

ALEX PEUT ÊTRE UNE FILLE OU UN GARÇON.
SAM PEUT ÊTRE UNE FILLE OU UN GARÇON.

SAM ET ALEX SORTENT ENSEMBLE ET SONT TRÈS AMOUREUSES/AMOUREUX.

SAM INSISTE POUR QU'ALEX LUI DISE EXACTEMENT OÙ ELLE/IL EST À CHAQUE INSTANT DE LA JOURNÉE.

ALEX DOIT TROUVER DES ARGUMENTS POUR LA/LE RAISONNER.

ALEX PEUT ÊTRE UNE FILLE OU UN GARÇON.
SAM PEUT ÊTRE UNE FILLE OU UN GARÇON.

ALEX ET SAM SONT MEILLEUR(E)S AMI(E)S.

LA/LE PETIT(E) AMI(E) DE SAM VIENT DE LUI INTERDIRE DE REVOIR ALEX.

SAM EST D'ACCORD ET L'ANNONCE À ALEX, QUI DOIT TROUVER DES ARGUMENTS POUR LA/LE RAISONNER.

ALEX PEUT ÊTRE UNE FILLE OU UN GARÇON.
SAM PEUT ÊTRE UNE FILLE OU UN GARÇON.

ALEX ET SAM SONT EN COUPLE.

SAM REPROCHE À ALEX DE PORTER DES VÊTEMENTS TROP SEXY.

ALEX LUI RÉPOND.

ALEX PEUT ÊTRE UNE FILLE OU UN GARÇON.
SAM PEUT ÊTRE UNE FILLE OU UN GARÇON.

ALEX ET SAM SONT EN COUPLE.

ALEX ESSAIE DE CONVAINCRE SAM D'AVOIR UNE RELATION SEXUELLE AVEC SA/SON MEILLEUR(E) AMI(E), QUI EST ENCORE VIERGE.

SAM N'EN N'A AUCUNE ENVIE.

ALEX PEUT ÊTRE UNE FILLE OU UN GARÇON.
SAM PEUT ÊTRE UNE FILLE OU UN GARÇON.

ALEX ET SAM SONT MEILLEUR(E)S AMI(E)S.

ALEX DOIT ANNONCER À SAM QU'ELLE/IL EST AMOUREUSE/AMOUREUX D'ELLE/DE LUI DEPUIS LA MATERNELLE.

ALEX PEUT ÊTRE UNE FILLE OU UN GARÇON.
SAM PEUT ÊTRE UNE FILLE OU UN GARÇON.

ALEX ET SAM SONT EN COUPLE ET SONT TRÈS AMOUREUSES/AMOUREUX.

SAM RÉVÈLE À ALEX QUE SON PÈRE L'A FRAPPÉ, ET QU'ELLE/IL SOUHAITE FUGUER À L'ÉTRANGER.

SAM TENTE DE CONVAINCRE ALEX DE PARTIR AVEC ELLE/LUI. ALEX TENTE DE LA/LE RAISONNER.

ALEX PEUT ÊTRE UNE FILLE OU UN GARÇON.
SAM PEUT ÊTRE UNE FILLE OU UN GARÇON.

ALEX ET SAM SONT EN COUPLE.

SAM TENTE DE CONVAINCRE ALEX D'AVOIR ENSEMBLE UNE PRATIQUE SEXUELLE DONT ALEX N'A PAS ENVIE.

ALEX DOIT REFUSER, MAIS SAM EST TRÈS INSISTANT(E).

ALEX PEUT ÊTRE UNE FILLE OU UN GARÇON.
SAM PEUT ÊTRE UNE FILLE OU UN GARÇON.

ALEX EST LE GRAND FRÈRE OU LA GRANDE SŒUR DE MANU, MEILLEUR(E) AMI(E) DE SAM. ELLE/IL A 5 ANS DE PLUS QUE SAM ET MANU.

ALEX DEMANDE À SAM DE SORTIR AVEC ELLE/LUI, EN ÉTANT TRÈS INSISTANT(E).

SAM EST TRÈS IMPRESSIONNÉ(E), MAIS N'A PAS ENVIE DE SORTIR AVEC ALEX.

Printed in France by Amazon
Brétigny-sur-Orge, FR